러시아어
토르플
공식 문제집
기초단계

러시아어 토르플 공식 문제집
기초단계

초판 1쇄　2014년 03월 18일
초판 3쇄　2021년 10월 27일

지은이　Антонова В.Е., Нахабина М.М., Толстых А.А.

펴낸이　김선명
펴낸곳　뿌쉬낀하우스
책임편집　이은희
해설　이은수
편집　김영실, 김성원, 박은비

주소　서울시 중구 동호로 15길 8, 리오베빌딩 3층
전화　02) 2237-9387
팩스　02) 2238-9388
홈페이지　www.pushkinhouse.co.kr

출판등록　2004년 3월1일 제2004-0004호
ISBN　978-89-92272-55-1　13790

© ЗАО «Златоуст», 2004, 2006
Настоящее издание осуществлено по лицензии, полученной от ЗАО «Златоуст»
© 2014 Pushkin House

이 책의 한국어판 저작권은 «Златоуст» 출판사와 독점 계약한 뿌쉬낀하우스에 있습니다.
저작권법에 의해 한국 내에서 보호를 받는 저작물이므로 무단 전재와 무단 복제를 금합니다.

※잘못된 책은 바꿔 드립니다.

※ 스마트폰을 통해 QR코드를 스캔하면 듣기 영역 MP3 파일을 바로 청취할 수 있습니다.

목차

토르플 길라잡이 _6

1부 테스트

Субтест 1.   ЛЕКСИКА. ГРАММАТИКА 어휘, 문법 영역   _11

Субтест 2.   АУДИРОВАНИЕ 듣기 영역   _19

Субтест 3.   ЧТЕНИЕ 읽기 영역   _22

Субтест 4.   ПИСЬМО 쓰기 영역   _29

Субтест 5.   ГОВОРЕНИЕ 말하기 영역   _30

2부 정답 및 문제해설

정답 _39

Субтест 1.   ЛЕКСИКА. ГРАММАТИКА 어휘, 문법 영역   _45

Субтест 2.   АУДИРОВАНИЕ 듣기 영역   _62

Субтест 3.   ЧТЕНИЕ 읽기 영역   _72

Субтест 4.   ПИСЬМО 쓰기 영역   _82

Субтест 5.   ГОВОРЕНИЕ 말하기 영역   _84

첨부: 답안지 МАТРИЦА _95

토르플 길라잡이

1. 토르플 시험이란?

토르플(TORFL)은 'Test of Russian as a Foreign Language'의 약자로 러시아 교육부 산하기관인 '러시아어 토르플 센터'에서 주관하는 외국인 대상 러시아어 능력 시험이다. 기초 단계에서 4단계까지 총 여섯 단계로 나뉘어 있으며 시험 과목은 어휘·문법, 읽기, 듣기, 쓰기, 말하기의 다섯 영역으로 구성되어 있다. 현재 토르플은 러시아 내 대학교의 입학 시험, 국내 기업체, 연구소, 언론사 등에서 신입사원 채용 시험 및 직원들의 러시아어 실력 평가를 위한 방법으로 채택되고 있다.

2. 토르플 시험 단계

토르플 시험은 기초단계, 기본단계, 1단계, 2단계, 3단계, 4단계로 나뉘어 있다.

- 기초단계 (элементарный уровень)
  일상생활에서 필요한 최소한의 러시아어 구사가 가능한 가장 기초 단계이다.

- 기본단계 (базовый уровень)
  일상생활에서 필요한 기본적인 의사 소통이 가능한 단계이다.

- 1단계 (I сертификационный уровень)
  일상생활에서의 자유로운 의사소통뿐만 아니라, 사회, 문화, 역사 등의 분야에서 러시아인과 대화가 가능한 공인단계이다. 러시아 대학에 입학하기 위해서는 1단계 인증서가 필요하며, 국내에서는 러시아어문계열 대학졸업시험이나 기업체의 채용 및 사원 평가 기준으로도 채택되고 있다.

- 2단계 (II сертификационный уровень)
  원어민과의 자유로운 대화뿐만 아니라, 문화, 예술, 자연과학, 공학 등 전문 분야에서도 충분히 의사소통이 가능한 공인단계이다. 2단계 인증서는 러시아 대학의 비어문계 학사 학위 취득을 위한 요건이며 석사 입학을 위한 자격 요건이기도 하다. 1단계와 마찬가지로 국내에서는 러시아어문계열 대학졸업시험이나 기업체의 채용 및 사원 평가 기준으로도 채택되고 있다.

- 3단계 (III сертификационный уровень)
  사회 전 분야에 걸쳐 고급 수준의 의사소통 능력을 지니고 있어 러시아어로 전문적인 활동이 가능한 공인단계이다. 러시아 대학의 비어문계열 석사와 러시아어문학부 학사 학위를 취득하기 위해서 3단계 인증서가 필요하다.

- 4단계 (IV сертификационный уровень)
  원어민에 가까운 러시아어 구사 능력을 지니고 있는 가장 높은 공인단계로, 이 단계의 인증서를

획득하면 러시아어문계열의 모든 교육과 연구 활동이 가능하다. 4단계 인증서는 러시아어문학부 석사, 비어문계열 박사, 러시아어 교육학 박사 등의 학위를 취득하기 위한 요건이다.

3. 토르플의 시험영역
토르플 시험은 어휘·문법, 읽기, 듣기, 쓰기, 말하기의 다섯 영역으로 구성되어 있다.

- 어휘·문법 영역 (ЛЕКСИКА. ГРАММАТИКА)
  객관식 필기 시험으로 어휘와 문법을 평가한다. (*사전 이용 불가)
- 읽기 영역 (ЧТЕНИЕ)
  객관식 필기 시험으로 주어진 본문과 문제를 통해 독해 능력을 평가한다. (*사전 이용 가능)
- 듣기 영역 (АУДИРОВАНИЕ)
  객관식 필기 시험으로 들려 주는 본문과 문제를 통해 이해 능력을 평가한다. (*사전 이용 불가)
- 쓰기 영역 (ПИСЬМО)
  주관식 필기 시험으로 주제에 알맞은 작문 능력을 평가한다. (*사전 이용 가능)
- 말하기 영역 (ГОВОРЕНИЕ)
  주관식 구술 시험으로 주어진 상황에 적합한 말하기 능력을 평가한다. (*사전 이용이 가능한 문제도 있음)

4. 토르플 시험의 영역별 시간

구 분	기초 단계	기본 단계	1단계	2단계	3단계	4단계
어휘·문법 영역	50분	50분	60분	90분	90분	60분
읽기 영역	50분	50분	50분	60분	60분	60분
듣기 영역	30분	30분	35분	35분	35분	45분
쓰기 영역	40분	50분	60분	55분	75분	80분
말하기 영역	25분	40분	60분	45분	45분	50분

*토르플 시험의 영역별 시간과 문항수는 시험기관마다 조금씩 다를 수 있습니다.

5. 토르플 시험의 영역별 만점

구 분	기초 단계	기본 단계	1단계	2단계	3단계	4단계
어휘·문법 영역	100	100	165	150	100	140
읽기 영역	120	180	140	150	150	127
듣기 영역	100	150	120	150	150	150
쓰기 영역	40	80	80	65	100	95
말하기 영역	90	120	170	145	150	165
총 점수	450	630	675	660	650	677

6. 토르플 시험의 합격 점수

구 분	기초 단계	기본 단계	1단계	2단계	3단계	4단계
어휘·문법 영역	66–100점 (66%이상)	66–100점 (66%이상)	109–165점 (66%이상)	99–150점 (66%이상)	66–100점 (66%이상)	93–140점 (66%이상)
읽기 영역	79–120점 (66%이상)	119–180점 (66%이상)	92–140점 (66%이상)	99–150점 (66%이상)	99–150점 (66%이상)	89–127점 (66%이상)
듣기 영역	66–100점 (66%이상)	99–150점 (66%이상)	79–120점 (66%이상)	99–150점 (66%이상)	99–150점 (66%이상)	99–150점 (66%이상)
쓰기 영역	26–40점 (66%이상)	53–80점 (66%이상)	53–80점 (66%이상)	43–65점 (66%이상)	66–100점 (66%이상)	63–95점 (66%이상)
말하기 영역	59–90점 (66%이상)	79–120점 (66%이상)	112–170점 (66%이상)	96–145점 (66%이상)	99–150점 (66%이상)	109–165점 (66%이상)

"본 교재에 수록된 본문의 한국어 해석은 학습 교재임을 감안하여 가급적 직역으로 수록하였습니다."

1부 테스트

Субтест 1. ЛЕКСИКА. ГРАММАТИКА

Инструкция к выполнению теста

- Время выполнения субтеста – 50 мин.
- Субтест включает 6 частей (70 заданий).
- При выполнении субтеста пользоваться словарём нельзя.

- Вы получили тест и матрицу. Напишите Ваше имя и фамилию на каждом листе матрицы.
- В тесте слева даны предложения (1, 2 и т.д.), справа – варианты выбора. Выберите правильный вариант и отметьте соответствующую букву в матрице.

Например:

| А | Ⓑ | В | Г |

(Б – правильный вариант).

Если Вы ошиблись и хотите исправить ошибку, сделайте так:

| А | Ⓑ | ⊗ | Г |

(В – ошибка, Б – правильный вариант).

ЧАСТЬ I

Задания 1–26. **Выберите правильный вариант.**

Мои друзья ... **(1)** в университете. Они много ... **(2)**.	(А) учатся (Б) учат (В) занимаются (Г) изучают
Михаил Николаевич – ... **(3)** учитель. Он говорит, что ... **(4)** – его второй дом.	(А) школа (Б) школьник (В) школьница (Г) школьный

Алина Кабаева – гимнастка, она любит ... **(5)**. У неё ... **(6)** характер.	(А) спорт (Б) спортсмен (В) спортсменка (Г) спортивный
– Позвони мне ... **(7)**. – А я не знаю твой ... **(8)** телефон.	(А) дом (Б) дома (В) домой (Г) домашний
Самара – ... **(9)** город на Волге. Покажите ... **(10)** город на карте.	(А) это (Б) этот (В) эта (Г) эти
Мой друг очень хорошо говорит ... **(11)**. Я хочу поехать в Россию и тоже изучать ... **(12)**.	(А) по-русски (Б) русский (В) русский язык (Г) русские
Мое любимое время года ... **(13)**. Я очень люблю отдыхать ... **(14)** на море.	(А) лето (Б) летом (В) летний (Г) летние
Раньше моя сестра часто ... **(15)** по телефону с подругой.	(А) разговаривала (Б) рассказывала (В) сказала (Г) спрашивала
Виктор очень ... **(16)** поехать в Англию. Но не ... **(17)**, потому что у него нет денег.	(А) может (Б) хочет (В) умеет (Г) знает
Ольге очень ... **(18)** слушать современную популярную музыку.	(А) любит (Б) нравится (В) хочет (Г) может

Осенью в лесу очень … **(19)**.	(А) красивый (Б) красавица (В) красный (Г) красиво
Мой любимый поэт – Анна Ахматова. Я очень люблю … **(20)** стихи.	(А) их (Б) его (В) её (Г) ваши
Мы родились и выросли в Москве. Москва – это … **(21)** город.	(А) наш (Б) наша (В) наше (Г) наши
… **(22)** ты любишь проводить свободное время?	(А) Кого? (Б) Кому? (В) О ком? (Г) С кем?
На лекции известный журналист рассказал … **(23)** Германии.	(А) в (Б) на (В) о (Г) из
В праздники люди любят гулять … **(24)** площади.	(А) в (Б) на (В) о (Г) к
На праздник мы пригласили друзей … **(25)** Москвы.	(А) в (Б) из (В) с (Г) к
В каникулы я поеду отдыхать в деревню … **(26)** бабушке.	(А) о (Б) у (В) к (Г) в

ЧАСТЬ II

***Задания 27–30.* Выберите правильный вариант.**

В центре города находится ... **(27)** площадь. На площади открылось ... **(28)** кафе. Там часто бывают ... **(29)** встречи. Вчера там выступала ... **(30)** рок-группа.

27. (А) старый
(Б) старая
(В) старое
(Г) старые

28. (А) молодёжный
(Б) молодёжная
(В) молодёжное
(Г) молодёжные

29. (А) интересный
(Б) интересная
(В) интересное
(Г) интересные

30. (А) известный
(Б) известная
(В) известное
(Г) известные

***Задания 31–34.* Выберите правильный вариант.**

У ... **(31)** есть друг. ... **(32)** зовут Андрей. ... **(33)** учится в университете. ... **(34)** дружим с ним уже много лет.

31. (А) я
(Б) меня
(В) мне
(Г) мной

32. (А) его
(Б) он
(В) ему
(Г) им

33. (А) он
(Б) она
(В) оно
(Г) они

34. (А) я
(Б) мы
(В) вы
(Г) они

ЧАСТЬ III

***Задания 35–47.* Выберите правильный вариант.**

Марат Сафин – известный российский теннисист. Марат родился ... **(35)**. В детстве, когда ... **(36)** было 6 лет, он мечтал ... **(37)**. Но тренер не взял его ... **(38)**. Тогда

Марат начал играть ... **(39)** в теннис.

Его мама была ... **(40)**. Она сразу увидела, что ... **(41)** есть талант, и дала ему первые уроки ... **(42)**. В 14 лет Марат поехал учиться в Испанию, потому что там хорошая теннисная школа.

В Испании он много занимался и учил испанский язык. Марат говорит, что ему очень нравится ... **(43)**, но он больше любит ... **(44)**. Марат живёт один. У него ещё нет ... **(45)**, потому что всё своё время он отдаёт теннису.

Корреспондент ... **(46)** «Спорт» спросил Марата Сафина, кем он хочет стать. Марат ответил, что он хочет стать ... **(47)** мира.

35. (А) в Москву
(Б) в Москве
(В) о Москве
(Г) из Москвы

36. (А) Марат
(Б) Марата
(В) Марату
(Г) Маратом

37. (А) футбол
(Б) футбола
(В) футболом
(Г) о футболе

38. (А) в команду
(Б) в команде
(В) из команды
(Г) о команде

39. (А) к маме
(Б) с мамой
(В) о маме
(Г) у мамы

40. (А) теннисисткой
(Б) теннисистку
(В) теннисистки
(Г) теннисистке

41. (А) сын
(Б) к сыну
(В) у сына
(Г) о сыне

42. (А) теннис
(Б) тенниса
(В) теннисом
(Г) теннису

43. (А) Испания
(Б) Испанию
(В) Испании
(Г) об Испании

44. (А) Россия
(Б) о России
(В) в России
(Г) Россию

45. (А) семья
(Б) семьи
(В) семью
(Г) семьёй

46. (А) журнал
(Б) журнала
(В) журналом
(Г) в журнале

47. (А) чемпион
(Б) чемпиона
(В) чемпиону
(Г) чемпионом

ЧАСТЬ IV

Задания 48–58. **Выберите правильный вариант.**

Моя подруга Ира интересуется искусством и немного ... **(48)** сама. Она часто ... **(49)** в музеи и на выставки. В воскресенье мы с Ирой ... **(50)** в парке. Там было так красиво, что моя подруга ... **(51)** нарисовать картину. На следующий день она пришла в парк, ... **(52)** красивое место и ... **(53)** рисовать. Она ... **(54)** долго, целый день. Когда я ... **(55)** её картину, я ... **(56)**, что моя подруга настоящий художник. Завтра я ... **(57)** Иру подарить мне картину. Думаю, что Ира с удовольствием ... **(58)** мне её.

48. (А) нарисует
(Б) рисует
(В) рисовала

49. (А) будет ходить
(Б) ходила
(В) ходит

50. (А) гуляем
(Б) гуляли
(В) будем гулять

51. (А) решила
(Б) решала
(В) решит

52. (А) найдёт
(Б) найти
(В) нашла

53. (А) начинала
(Б) начнет
(В) начала

54. (А) работала
(Б) работает
(В) будет работать

55. (А) вижу
(Б) увидела
(В) увижу

56. (А) поняла
(Б) понимала
(В) пойму

57. (А) попрошу
(Б) попросила
(В) прошу

58. (А) дарила
(Б) подарит
(В) подарила

ЧАСТЬ V

Задания 59–64. **Выберите правильный вариант.**

Недавно Антон ... **(59)** в Петербург и познакомился там с Наташей. Наташа показала ему Петербург, а Антон пригласил Наташу в Москву. Однажды утром Антон получил телеграмму из Петербурга: « ... **(60)** в Москву 1 мая. Встречай. Ленинградский вокзал. Поезд № 5. Вагон № 10. Наташа». Антон был очень рад. Он взял такси и ... **(61)** на Ленинградский вокзал. Он ... **(62)** и думал о Наташе. Антон ... **(63)** на вокзал, встретил Наташу, и они ... **(64)** на Красную площадь.

59. (А) ходил
(Б) ездил
(В) ехал

60. (А) приеду
(Б) приедешь
(В) приду

61. (А) поедет
(Б) поехать
(В) поехал

62. (А) ехать
(Б) ехал
(В) ехала

63. (А) ехал
(Б) поехал
(В) приехал

64. (А) поехали
(Б) поедут
(В) поехать

ЧАСТЬ VI

Задания 65–70. **Выберите правильный вариант.**

Я очень люблю кино, ... **(65)** мой брат – театр. Я часто приглашаю его в кино, ... **(66)** он не хочет идти. Он говорит, ... **(67)** фильмы можно посмотреть дома по телевизору. А недавно я ходил с братом в театр, ... **(68)** он пригласил меня. В спектакле играли известные артисты, ... **(69)** я с удовольствием посмотрел этот спектакль. ... **(70)** мой брат пригласит меня в театр ещё раз, я обязательно пойду с ним.

65. (А) но
(Б) а
(В) и

66. (А) но
(Б) но и
(В) тоже

67. (А) кто
(Б) что
(В) где

68. (А) если
(Б) как
(В) потому что

69. (А) поэтому
(Б) куда
(В) потому что

70. (А) как
(Б) тоже
(В) если

Субтест 2. АУДИРОВАНИЕ

Инструкция по выполнению субтеста

- Время выполнения субтеста – 30 минут.
- Субтест состоит из 5 частей (25 заданий).
- При выполнении субтеста пользоваться словарём нельзя.
- После каждого прослушанного сообщения или диалога нужно выполнить задание: выбрать правильный вариант ответа и отметить соответствующую букву в матрице.

Например:

| А | Ⓑ | В | Г |

(Б – правильный вариант).

Если Вы ошиблись и хотите исправить ошибку, сделайте так:

(В – ошибка, Б – правильный вариант).

- Все аудиотексты звучат два раза.

ЧАСТЬ I

Задания 1–4. **Прослушайте сообщения, выберите из трёх предложений (А, Б, В) то, которое достаточно точно передаёт смысл прослушанного.**

(Звучат сообщения и задания к ним)

1. (А) В пятницу вечером в общежитие на встречу приедет режиссёр фильма «Анна Каренина».
   (Б) Режиссёр фильма «Анна Каренина» выступает в общежитии в субботу вече-ром.
   (В) В субботу вечером в общежитии состоится встреча с артистами из фильма «Анна Каренина».

2. (А) Прослушайте, какая будет погода в воскресенье 20-ого октября.
(Б) Вы слушали информацию о погоде на воскресенье 20-ое октября.
(В) Прослушайте информацию о погоде на пятницу 25-ое октября.

3. (А) В субботу во Владимире бывает много туристов.
(Б) Экскурсия во Владимир будет очень интересная.
(В) В субботу мы можем поехать на экскурсию во Владимир.

4. (А) В автобусе пассажиры могут покупать билеты только на остановке.
(Б) Пассажиры автобуса могут покупать билеты у водителя в любое время.
(В) Пассажиры всегда покупают билеты в автобусе.

ЧАСТЬ II

Задания 5–7. **Прослушайте диалоги и определите, где (в каком месте) разговаривают эти люди.**

(Звучат диалоги и задания к ним)

5. Они говорят…

(А) на улице
(Б) на стадионе
(В) в парке

6. Они говорят…

(А) в музее
(Б) дома
(В) в театре

7. Они говорят…

(А) в поезде
(Б) в автобусе
(В) в машине

ЧАСТЬ III

Задания 8–11. **Прослушайте диалоги и выполните задания к ним.**

(Звучат диалоги и задания к ним)

8. Что забыли взять муж и жена?

(А) паспорт   (В) фотоаппарат
(Б) билеты   (Г) карту

9. Где Ирина и Сергей хотят встретиться?

(А) около консерватории   (В) около метро
(Б) на улице   (Г) в метро

10. Как чувствует себя Анна Ивановна?

(А) очень плохо   (В) отлично
(Б) уже лучше   (Г) очень хорошо

11. Какие билеты купил Миша?

(А) очень дорогие   (В) очень дешёвые
(Б) дешёвые   (Г) дорогие

ЧАСТЬ IV

Задания 12–18. **Прочитайте в матрице вопросы, на которые Вы будете отвечать. Слушайте диалог и записывайте информацию в матрицу.**

ЧАСТЬ V

Задания 19–25. **Слушайте информацию, которую гид даёт туристам в Москве. Слушайте и записывайте ответы на вопросы в матрицу.**

Субтест 3. ЧТЕНИЕ

Инструкция по выполнению субтеста

- Время выполнения субтеста – 50 минут.
- Субтест состоит из 5 частей (30 заданий).
- При выполнении субтеста можно пользоваться словарём.
- При выполнении заданий нужно выбрать правильный вариант ответа и отметить соответствующую букву в матрице.

Например:

(Б – правильный вариант).

Если Вы ошиблись и хотите исправить ошибку, сделайте так:

(А – ошибка, Б – правильный вариант).

ЧАСТЬ I

Задания 1–4. **Продолжите высказывание.**

1. **Сегодня на улице дождь. …**

    (А) Возьми сумку!
    (Б) Не забудь зонт!
    (В) Дай, пожалуйста, мои очки!

2. **Этот музей очень далеко! …**

    (А) Пойдём пешком!
    (Б) Поедем вместе!
    (В) Поедем на машине!

3. К сожалению, я плохо говорю по-русски. …

(А) Я недавно приехал в Россию.
(Б) Я живу в России уже год.
(В) Я учусь в университете.

4. Вчера я посмотрел в театре новый балет. …

(А) Я тоже смотрел футбол.
(Б) Он называется «Весна».
(В) Это хорошие артисты.

ЧАСТЬ II

Задания 5–8. **Прочитайте объявления и выполните задания.**

5.
Внимание!
Завтра в арт-галерее ежегодная выставка «Земля и люди»

Эта выставка бывает…

(А) каждый год
(Б) каждый день
(В) один раз в месяц

6.
Город Сочи, гостиница «Жемчужная», 1–14 июня кинофестиваль «Кинотавр». Море, солнце и хорошее кино!

Вам предлагают поехать в город Сочи…

(А) отдыхать и смотреть фильмы
(Б) загорать и купаться в море
(В) работать в гостинице

7.
Нам 12 лет.
Московская бизнес-школа «Экономист».
1-11 классы.
Адрес: Москва,
Молодёжная улица, дом 75,
тел. 974-31-93.

Школа приглашает…

(А) на день рождения
(Б) учиться
(В) работать

8.
Туристическое агенство приглашает молодежь(18-25 лет). Работа летом : гиды, менеджеры, переводчики. Знание иностранного языка обязательно.

Вас приглашают…

(А) изучать иностранный язык
(Б) поехать в туристическое путешествие
(В) работать в турагентстве

ЧАСТЬ III

Задания 9–12. **Прочитайте фрагменты статей и выполните задания к ним.**

9. Кто самый современный композитор? Музыканты говорят, что это Людвиг ван Бетховен. 1 мая в Концертном зале имени П.И. Чайковского в Москве состоится концерт. Немецкий оркестр Kamerata Europeana и русский оркестр Musica Viva сыграют вместе. Это будет музыка Бетховена.

Это статья…

(А) о празднике
(Б) о концерте
(В) о композиторе П.И. Чайковском

10. Сноуборд появился в России недавно, но сейчас это очень модный вид спорта в нашей стране. Сноуборд – английское слово, по-русски значит снежная доска. Каждый год много молодых и не очень молодых людей начинают заниматься сноубордом.

Это статья…

(А) о спорте
(Б) об английском языке
(В) о спортсмене

11. Вы хотите выучить иностранный язык, например, испанский? Тогда Вам нужно поехать на год в Испанию или в страну, где люди говорят по-испански, и жить там в семье. Через год Вы будете отлично знать испанский язык и прекрасно говорить. Международная языковая школа поможет Вам выбрать страну и найти семью.

Это статья…

(А) о семье
(Б) об учёбе
(В) об Испании

12. Вы забыли номер телефона фирмы, а Ваша телефонная книга очень старая. Что делать? В Интернете Вы всегда сможете узнать нужный Вам телефон. А если у Вас есть телефон фирмы, но у Вас нет её адреса, Вы тоже сможете получить информацию об этой фирме в Интернете.

Это статья…

(А) об Интернете
(Б) о новом телефоне
(В) о фирме

ЧАСТЬ IV

Задания 13–20. **Прочитайте текст и выполните задания.**

Футбол – самая популярная игра в мире. Футбол – это спорт миллионов. Люди считают Англию родиной современного футбола. Но многие другие страны тоже могут быть «предками» этой игры. В Египте, в Греции, в Японии, в Китае учёные-историки находили старинные мячи. В Китае игра в футбол называлась дзу-ню, в Древней Греции – эпискирос, в Японии – кемари.

Официально люди начали играть в футбол в Англии в середине XIX века. Там были 4 футбольные команды, которые играли на специальных площадках. В 1871 году в Англии состоялась первая футбольная игра, а в 1872 году – первая встреча английской и шотландской команд.

В 1904 году спортсмены решили организовать Международную футбольную ассоциацию – ФИФА. Француз Роберт Герен был первым её президентом.

Женщины тоже любят спорт. В начале XX века первые женские команды начали играть в футбол. А сейчас женский футбол входит в программу Олимпийских игр.

Задание 13. **Выберите наиболее точное название текста.**

13. (А) История футбола
(Б) Англия – родина футбола
(В) Футбол – женская игра

Задания 14–20. **Выберите информацию, которая соответствует тексту.**

14. Обычно люди считают родиной футбола…
(А) Грецию
(Б) Францию
(В) Англию

15. Официально люди начали играть в футбол…

  (А) в XIX веке

  (Б) в XX веке

  (В) в XV веке

16. Первый футбольный турнир Англии был…

  (А) в 1872 году

  (Б) в 1871 году

  (В) в 1870 году

17. Первые футболисты играли в футбол…

  (А) на стадионе

  (Б) на специальной площадке

  (В) на большой площади

18. В 1872 году состоялась первая встреча…

  (А) английской и французской команд

  (Б) английской и германской команд

  (В) английской и шотландской команд

19. Первый президент ФИФА Роберт Герен был…

  (А) из Франции

  (Б) из Англии

  (В) из Японии

20. В программу Олимпийских игр входит…

  (А) только мужской футбол

  (Б) мужской и женский футбол

  (В) женский футбол

ЧАСТЬ V

Задания 21–30. **Прочитайте текст и выполните задания.**

Мария шла домой с работы. Около дома она увидела Андрея. Раньше они часто встречались, гуляли, ходили в кино, им нравилось быть вместе. Но однажды Мария и Андрей поссорились и вот уже 4 месяца не видели друг друга. Андрей не приходил, не звонил, и Мария подумала, что у него есть другая девушка.

Мария жила одна. Дома её ждала только рыжая собака Бимка. Она всегда была рада, когда Мария приходила домой с работы. Девушка нашла собаку зимой на улице. Это было 3 месяца назад. Сначала Бимка ничего не ела, лежала и грустно смотрела на неё. Потом привыкла, начала есть, Мария ей понравилась. Девушка хотела узнать, чья это собака, но никто не мог сказать, кто её хозяин.

Андрей стоял около дома и ждал Марию. Он мечтал встретить её.

– Здравствуй, Маша!

– Здравствуй, Андрей! Как дела?

– Всё нормально.

– Что ты здесь делаешь? – Мария не понимала, почему Андрей пришёл сюда.

– Я ищу свою собаку. Её зовут Лада. 4 месяца назад зимой Лада гуляла одна на улице и не пришла домой. Я ищу её всё это время, но не могу найти. Я подумал, может быть, ты видела её.

– У тебя рыжая собака?

– Да, рыжая.

– Тогда пойдём ко мне. Я знаю, где твоя собака.

Когда Мария и Андрей вошли в квартиру, Бимка побежала не к ней, а к Андрею. Хозяин и собака были очень рады друг другу.

– Я не знала, что у тебя есть собака, что это твоя собака, – сказала Мария.

– Я купил её, потому что мне было плохо, когда мы поссорились, – ответил Андрей.

– Наконец ты нашёл свою Ладу, а я звала её Бимка, – грустно сказала Мария, – теперь вы можете идти домой.

Андрей ничего не ответил. Он понял, что пришёл к Марии не потому, что искал собаку, а потому, что любит девушку. Он не хотел уходить.

А Лада-Бимка сидела, смотрела на них и тоже не хотела уходить. Она мечтала, чтобы её старый хозяин и новая хозяйка были вместе.

Задание 21. **Определите тему текста.**

(А) о любви

(Б) о работе

(В) о дружбе

Задания 22–25. **Выберите информацию, которая**

(А) соответствует тексту

(Б) не соответствует тексту

(В) отсутствует в тексте

22. Мария и Андрей – брат и сестра.

23. Андрей познакомился с Марией в кино.

24. Мария живёт одна.

25. Собаку Андрея звали Бимка.

Задания 26–30. **Выберите правильный вариант.**

26. Мария нашла собаку…

(А) летом в парке

(Б) зимой на улице

(В) зимой в магазине

27. Мария пригласила Андрея к себе домой, потому что…

(А) ему было холодно на улице

(Б) она поняла, что Бимка – собака Андрея

(В) они давно не виделись

28. Андрей купил собаку, потому что…

(А) ему было плохо, когда он поссорился с Марией

(Б) ему очень нравились собаки

(В) у него не было друзей

29. Собака побежала к Андрею, потому что…

(А) это был незнакомый человек

(Б) не поняла, кто её хозяин

(В) она узнала хозяина

30. Когда Андрей увидел Марию, он понял, что…

(А) его собака живёт у неё

(Б) плохо знает девушку

(В) любит эту девушку

Субтест 4. ПИСЬМО

Инструкция по выполнению субтеста

- Время выполнения субтеста – 40 минут.
- Субтест содержит одно задание.
- При выполнении субтеста можно пользоваться словарём.

Задание. Вы хотите познакомиться с русским молодым человеком или девушкой, чтобы переписываться с ним (с нею). Вам дали его (её) адрес.

Напишите письмо, предложите познакомиться и расскажите о себе:

– как Вас зовут,

– сколько Вам лет,

– кто Вы,

– откуда Вы,

– где Вы учились раньше,

– какие предметы Вы любили,

– где и когда Вы начали изучать русский язык, почему,

– что Вы любите делать в свободное время.

Объясните, почему Вы пишете это письмо, что Вы хотите узнать об этом человеке, задайте ему (ей) вопросы и попросите написать вам.

В Вашем письме должно быть не менее 15 предложений.

Субтест 5. ГОВОРЕНИЕ

Инструкция по выполнению субтеста

- Время выполнения субтеста – 25 минут.
- Субтест включает 3 задания.
- При выполнении субтеста пользоваться словарём нельзя.

ВАРИАНТ 1

Инструкция по выполнению задания 1

- Время выполнения задания – 5 минут.
- Задание выполняется без предварительной подготовки. Вам нужно принять участие в диалогах. Вы слушаете реплику преподавателя и отвечаете. Если Вы не можете дать ответ, не задерживайтесь, слушайте следующую реплику.
- Помните, что Вы должны дать полный ответ (ответы «да», «нет» или «не знаю» не являются полными).

Задание 1 (позиции 1–5). Примите участие в диалоге. Ответьте собеседнику.

1. – Вы не знаете, какая сегодня погода?
   – …

2. – Скажите, пожалуйста, сколько сейчас времени?
   – …

3. – Как Вы себя чувствуете?
   – …

4. – Скажите, пожалуйста, Вы говорите по-английски?
   – …

5. – Где Вы обычно отдыхаете летом?
   – …

Инструкция по выполнению задания 2

- Время выполнения задания – 5 минут.
- Задание выполняется без подготовки. Вам нужно принять участие в диалогах. Вы знакомитесь с ситуацией и после этого начинаете диалог. Если ситуация покажется Вам трудной, переходите к следующей ситуации.

Задание 2 (позиции 6 –10). **Познакомьтесь с описанием ситуации. Начните диалог.**

6. Я хочу купить музыкальный диск. Посоветуйте, какой диск мне купить.

7. Вы пришли к врачу. Начните разговор, объясните, почему Вы пришли.

8. Вы опоздали на урок. Объясните преподавателю, что случилось.

9. У вас день рождения. Пригласите друга (подругу). Скажите, где и когда будет праздник.

10. Вы давно не видели Вашего друга, а сегодня Вы с ним встретились… Начните разговор.

Инструкция по выполнению задания 3

- Время выполнения задания – 15 минут (10 минут – подготовка, 5 минут – ответ).
- Вы должны подготовить сообщение на предложенную тему (10 –12 фраз).

Задание 3. **Подготовьте сообщение на тему: «Я и мой друг».**

Вопросы:
- Как зовут Вас и Вашего друга?
- Сколько Вам лет?
- Где Вы живёте?
- Когда и где Вы познакомились?
- Сколько лет Вы дружите?
- Где и как Вы учитесь?
- Какие предметы нравятся Вам и Вашему другу?
- Что Вы и Ваш друг любите делать в свободное время?
- Кем Вы хотите быть и почему?
- Почему Вам нравится Ваш друг?

ВАРИАНТ 2

Инструкция по выполнению задания 1

- Время выполнения задания – 5 минут.
- Задание выполняется без предварительной подготовки. Вам нужно принять участие в диалогах. Вы слушаете реплику преподавателя и отвечаете. Если Вы не можете дать ответ, не задерживайтесь, слушайте следующую реплику.
- Помните, что Вы должны дать полный ответ (ответы «да», «нет» или «не знаю» не являются полными).

Задание 1 (позиции 1–5). Примите участие в диалоге. Ответьте собеседнику.

1. – Скажите, Вам нравится русский язык?
   – …

2. – Скажите, пожалуйста, как называется Ваш родной город?
   – …

3. – Вы не знаете, какой автобус идёт в центр города?
   – …

4. – Что случилось? Почему вчера Вы не были на экскурсии?
   – …

5. – Вчера я звонила Вам, но Вас не было дома. Где Вы были весь вечер?
   – …

Инструкция по выполнению задания 2

- Время выполнения задания – 5 минут.
- Задание выполняется без подготовки. Вам нужно принять участие в диалогах. Вы знакомитесь с ситуацией и после этого начинаете диалог. Если ситуация покажется Вам трудной, переходите к следующей ситуации.

Задание 2 **(позиции 6–10). Познакомьтесь с ситуацией. Начните диалог.**

6. У Вас есть два билета в цирк. С кем Вы хотите пойти? Пригласите друга (подругу).

7. Вы пришли в кафе. Вы хотите пообедать. Начните разговор. Скажите, что Вы хотите.

8. Вы в незнакомом городе. Вы хотите пойти в музей, но не знаете, где он находится. Узнайте.

9. Вы узнали, что завтра будет экскурсия. Сообщите об этом другу по телефону.

10. Вы забыли свой словарь дома. Попросите у друга.

Инструкция по выполнению задания 3

- Время выполнения задания – 15 минут (10 минут – подготовка, 5 минут – ответ).
- Вы должны подготовить сообщение на предложенную тему (10–12 фраз).

Задание 3. **Подготовьте сообщение на тему: «Моя семья дома».**

Вопросы:
- Вы любите, когда ваша семья дома?
- Когда это бывает?
- Какая у Вас семья?
- Сколько человек в Вашей семье?
- Чем занимаются Ваши родители, братья, сёстры?
- У Вас есть бабушка и дедушка? Где они живут?
- Вы часто с ними встречаетесь?
- Что делает Ваша семья в субботу и в воскресенье?
- Как Вы отдыхаете вместе?
- Куда Вы любите вместе ходить (ездить) в свободное время?

ВАРИАНТ 3

Инструкция по выполнению задания 1

- Время выполнения задания – 5 минут.
- Задание выполняется без предварительной подготовки. Вам нужно принять участие в диалогах. Вы слушаете реплику преподавателя и отвечаете. Если Вы не можете дать ответ, не задерживайтесь, слушайте следующую реплику.
- Помните, что Вы должны дать полный ответ (ответы «да», «нет» или «не знаю» не являются полными).

Задание 1 (позиции 1–5). **Примите участие в диалоге. Ответьте собеседнику.**

1. – Скажите, пожалуйста, сколько времени Вы изучаете русский язык?
   – …

2. – Вы не знаете, где можно пообедать и выпить кофе?
   – …

3. – Скажите, пожалуйста, какой сегодня день недели?
   – …

4. – Скажите, куда Вы пойдёте после экзамена?
   – …

5. – Скажите, какой Ваш любимый предмет?
   – …

Инструкция по выполнению задания 2

- Время выполнения задания – 5 минут.
- Задание выполняется без подготовки. Вам нужно принять участие в диалогах. Вы знакомитесь с ситуацией и после этого начинаете диалог. Если ситуация покажется Вам трудной, переходите к следующей ситуации.

Задание 2 (позиции 6–10). **Познакомьтесь с описанием ситуации. Начните диалог.**

6. Вы хотите пригласить в гости друга. Скажите ему, где Вы живёте.

7. Ваш друг сейчас в Москве. Позвоните ему, узнайте, как у него дела.

8. На дискотеке Вы хотите познакомиться с молодым человеком (девушкой). Начните разговор.

9. Вы на уроке. У Вас нет ручки. Попросите у друга.

10. Вы хотите узнать у друга планы на субботу и воскресенье.

Инструкция по выполнению задания 3

- Время выполнения задания – 15 минут (10 минут – подготовка, 5 минут – ответ).
- Вы должны подготовить сообщение на предложенную тему (10 – 12 фраз).

Задание 3. **Подготовьте сообщение на тему: «Мои каникулы».**

Вопросы:
- Когда у Вас обычно бывают каникулы?
- Сколько времени Вы отдыхаете?
- Где Вы проводите зимние и летние каникулы?
- Что Вы делаете в каникулы? (музыка, спорт, театр, кино, книги...)
- С кем Вы встречаетесь?
- Вы любите путешествовать или отдыхать дома?
- Где Вы уже были? Куда ездили?
- Куда хотите поехать в следующие каникулы?
- Какую книгу Вы хотите прочитать в каникулы?
- Какой фильм посмотреть?

2부 정답 및 문제해설

정답

СУБТЕСТ 1. ЛЕКСИКА. ГРАММАТИКА

КОНТРОЛЬНЫЕ МАТРИЦЫ

Часть I	1	**А**	Б	В	Г		24	А	**Б**	В	Г
	2	А	Б	**В**	Г		25	А	**Б**	В	Г
	3	А	Б	В	**Г**		26	А	Б	**В**	Г
	4	**А**	Б	В	Г	**Часть II**	27	А	**Б**	В	Г
	5	**А**	Б	В	Г		28	А	Б	**В**	Г
	6	А	Б	В	**Г**		29	А	Б	В	**Г**
	7	А	Б	**В**	Г		30	А	**Б**	В	Г
	8	А	Б	В	**Г**		31	А	**Б**	В	Г
	9	**А**	Б	В	Г		32	**А**	Б	В	Г
	10	А	**Б**	В	Г		33	**А**	Б	В	Г
	11	**А**	Б	В	Г		34	А	**Б**	В	Г
	12	А	Б	**В**	Г	**Часть III**	35	А	**Б**	В	Г
	13	**А**	Б	В	Г		36	А	Б	**В**	Г
	14	А	**Б**	В	Г		37	А	Б	В	**Г**
	15	**А**	Б	В	Г		38	**А**	Б	В	Г
	16	А	**Б**	В	Г		39	А	**Б**	В	Г
	17	**А**	Б	В	Г		40	**А**	Б	В	Г
	18	А	**Б**	В	Г		41	А	Б	**В**	Г
	19	А	Б	В	**Г**		42	А	**Б**	В	Г
	20	А	Б	**В**	Г		43	**А**	Б	В	Г
	21	**А**	Б	В	Г		44	А	Б	В	**Г**
	22	А	Б	В	**Г**		45	А	**Б**	В	Г
	23	А	Б	**В**	Г		46	А	**Б**	В	Г

	№	А	Б	В	Г
Часть IV	47	А	Б	В	**Г**
	48	А	**Б**	В	Г
	49	А	Б	**В**	Г
	50	А	**Б**	В	Г
	51	**А**	Б	В	Г
	52	А	Б	**В**	Г
	53	А	Б	**В**	Г
	54	**А**	Б	В	Г
	55	А	**Б**	В	Г
	56	**А**	Б	В	Г
	57	**А**	Б	В	Г
	58	А	**Б**	В	Г
Часть V	59	А	**Б**	В	Г
	60	**А**	Б	В	Г
	61	А	Б	**В**	Г
	62	А	**Б**	В	Г
	63	А	Б	**В**	Г
	64	**А**	Б	В	Г
Часть VI	65	А	**Б**	В	Г
	66	**А**	Б	В	Г
	67	А	**Б**	В	Г
	68	А	Б	**В**	Г
	69	**А**	Б	В	Г
	70	А	Б	**В**	Г

СУБТЕСТ 2. АУДИРОВАНИЕ

КОНТРОЛЬНЫЕ МАТРИЦЫ

Часть I	1	А	**Б**	В	Г
	2	**А**	Б	В	Г
	3	А	Б	**В**	Г
	4	**А**	Б	В	Г
Часть II	5	А	**Б**	В	Г
	6	**А**	Б	В	Г
	7	А	Б	**В**	Г
Часть III	8	А	Б	**В**	Г
	9	А	Б	В	**Г**
	10	А	**Б**	В	Г
	11	**А**	Б	В	Г

Часть IV

Место учёбы	*Курсы русского языка*
Курсы русского языка начинаются: 12. Месяц:	*октябрь*
13. День:	*понедельник*
14. Дата:	*5 октября (05.10)*
15. Время:	*9.15*
16. Дни занятий:	*понедельник, среда*
Адрес: 17. Улица:	*Чехова*
18. Дом:	*12*

Часть V

Гида зовут…	*Антон*
19. Туристы приехали…	*в Москву*
20. Банк открывается…	*в 9 часов*
21. Банк не работает…	*в воскресенье*
22. Автобус в центр…	*№ 31*
23. Остановка находится…	*справа от гостиницы*
24. Билет в автобусе стоит…	*10 рублей*
25. Праздничный ужин будет…	*в ресторане в 7 часов*

СУБТЕСТ 3. ЧТЕНИЕ

КОНТРОЛЬНЫЕ МАТРИЦЫ

Часть I	1	А	**Б**	В
	2	А	Б	**В**
	3	**А**	Б	В
	4	А	**Б**	В
Часть II	5	**А**	Б	В
	6	**А**	Б	В
	7	А	**Б**	В
	8	А	Б	**В**
Часть III	9	А	**Б**	В
	10	**А**	Б	В
	11	А	**Б**	В
	12	**А**	Б	В
Часть IV	13	**А**	Б	В
	14	А	Б	**В**
	15	**А**	Б	В

	16	А	**Б**	В
	17	А	**Б**	В
	18	А	Б	**В**
	19	**А**	Б	В
	20	А	Б	**В**
Часть V	21	**А**	Б	В
	22	А	**Б**	В
	23	А	Б	**В**
	24	**А**	Б	В
	25	**А**	Б	В
	26	А	**Б**	В
	27	А	**Б**	В
	28	**А**	Б	В
	29	А	Б	**В**
	30	А	Б	**В**

Субтест 1. ЛЕКСИКА. ГРАММАТИКА (어휘, 문법)

〈테스트 중 지켜야 할 사항〉

- 시험 시간은 50분입니다.
- 시험은 여섯 부분으로 되어 있습니다(문제는 총 70문항입니다).
- 시험 중 사전을 이용할 수 없습니다.

- 시험지와 답안지를 받고 각 장에 성과 이름을 쓰세요.
- 시험지 왼쪽에는 문제 번호와 표현이 주어져 있고, 오른쪽에는 보기가 나열되어 있습니다. 정답을 골라 답안지에 표시하세요.

예를 들면:

| А | Ⓑ | В | Г | (Б – 정답)

답을 수정할 경우, 아래와 같이 고치세요.

| А | Ⓑ | ⊗В | Г | (В – 오답, Б – 정답)

ЧАСТЬ I

- 유사 어휘 구별하기

(문제 1~26) 보기에서 정답을 고르세요.

(1~2) '공부하다, 배우다' 관련 어휘 구별하기

> **учиться** 배우다(보통 где?와 함께)
> Я учусь в университете / в институте / в школе.
>
> **заниматься** 공부하다(스스로, 혼자서 공부한다는 의미로)
> Я занимаюсь в библиотеке / дома.
>
> **учить** 학습하다(단어, 시 등의 목적어와 함께)
> Я учу новые слова / стихи.
>
> **изучать** 배우다(언어, 과목 등의 목적어와 함께)
> Я изучаю математику / русский язык.

01

'~에 다니고 있다'라는 의미에서 사용되었으므로 учиться 동사를 사용한다.

[해석] 나의 친구들은 대학에서 공부한다(대학에 다닌다).
[정답] A

02

'자습하다'라는 의미로 사용되었기 때문에 заниматься 동사가 정답이다.

[어휘] много 많이
[해석] 그들은 공부를 많이 한다.
[정답] B

(3~4) 'школ-'을 어근으로 하는 어휘 구별하기

> школа (초,중,고등)학교
> школьник (남)(초,중,고등)학생
> школьница (여)(초,중,고등)학생
> школьный (초,중,고등)학교의

03

учитель을 수식해야 하므로 형용사 школьный가 정답이다.

[어휘] учитель 교사
[해석] 미하일 니꼴라예비치는 학교 교사이다.
[정답] Г

04

'его второй дом'과 동격이 되어야 하므로 школа가 정답이다.

[어휘] второй 두 번째의
[해석] 그는 학교야말로 자신의 제2의 집이라고 말한다.
[정답] A

(5~6) 'спорт'를 어근으로 하는 어휘 구별하기

> спорт 운동, 스포츠
> спортсмен 운동선수(남자)
> спортсменка 운동선수(여자)
> спортивный 스포츠의

05

любить 동사 다음에는 목적어가 와야 하므로 спорт가 정답이다. спортсмен, спортсменка는 활동체 명사이므로 목적어로 쓰려면 대격인 спортсмена, спортсменку로 변화시켜야 한다.

[어휘] гимнастка 여자 체조 선수
[해석] 안나 까바예바는 체조 선수이다. 그녀는 스포츠를 좋아한다.
[정답] А

06

характер를 수식해야 하므로 형용사 спортивный가 와야 한다.

[어휘] характер 성격
[해석] 그녀는 스포츠 선수의 성격을 가지고 있다.
[정답] Г

(7~8) 'дом'을 어근으로 하는 어휘 구별하기

> дом 집
> дома 집에서
> домой 집으로
> домашний 집의

07

'Позвони(전화해라)' 다음에는 куда?(어디로)가 필요하므로 домой(집으로)가 정답이다.

[어휘] позвонить 전화하다
[해석] 나에게 집으로 전화해라!
[정답] В

08

명사 телефон(전화)를 수식해야 하므로 형용사 домашний(집의)가 정답이다.

[어휘] телефон 전화
[해석] 그런데 나는 너희 집 전화 번호를 몰라.
[정답] Г

(9~10) 지시대명사 этот, эта, это, эти(이) 와 대명사 это(이것은, 이 사람은 ~이다) 구별하기

09

술어 '~이다'를 포함하는 대명사가 필요하므로 это가 정답이다.

[어휘]   город 도시
[해석]   사마라는 볼가 강변에 있는 도시이다.
[정답]   А

10

'город'를 수식해야 하므로 этот라는 지시대명사 남성 형태가 필요하다.

[어휘]   показать 보여 주다 / карта 지도
[해석]   지도에서 이 도시를 보여 주세요.
[정답]   Б

(11~12) по-русски와 русский язык 구별하기

> **по-русски**(러시아어로, 러시아식으로)는 부사로서 говорить, читать, понимать, писать, слушать 등의 동사와 함께 쓴다.
>
> **русский язык**(러시아어)은 изучать, знать 등의 동사의 목적어로 쓰인다.

11

동사 говорить는 по-русски와 함께 쓴다.

[어휘]   говорить 말하다
[해석]   내 친구는 러시아어를 정말 잘한다.(말한다)
[정답]   А

12

동사 изучать는 русский язык을 목적어로 취한다.

[어휘]   хотеть(хочу, хочешь, хотят) 원하다 / поехать 타고 가다(출발하다) / изучать что ~을 배우다
[해석]   나는 러시아에 가서 러시아어를 배우고 싶다.
[정답]   В

(13~14) 'лет-'을 어근으로 하는 어휘 구별하기

> **лето** 여름
> **летом** 여름에
> **летний** 여름의

13

'мое любимое время года(내가 좋아하는 계절)'과 동격이어야 하므로 명사 лето가 정답이다.

- [어휘] любимый 좋아하는 / время года 계절
- [해석] 내가 좋아하는 계절은 여름이다.
- [정답] А

14

'когда?(언제)'라는 시간의 표현이 와야 하기 때문에 летом이 정답이다.

- [어휘] отдыхать 쉬다
- [해석] 나는 여름에 바다에서 쉬는 것을 좋아한다.
- [정답] Б

(15) '말하다' 관련 어휘 구별하기

> **разговаривать с кем(5)** ~와 대화하다
> **рассказать/рассказывать о ком-чём(6), кому(3)**
>   (3)에게 (6)에 대해 이야기하다
> **сказать/говорить кому(3), о ком-чём(6)**
>   (3)에게 (6)에 대해 말하다
> **спросить/спрашивать кого-что(4), о ком-чём(6)**
>   (4)에게 (6)에 대해 묻다

15

'전화상으로 대화하다'의 표현이므로 разговаривала가 정답이다.

- [어휘] по-телефону 전화상으로
- [해석] 예전에 나의 누이는 자주 전화로 여자 친구와 대화했다.
- [정답] А

(16~17) 동사 원형을 목적어로 취하는 조동사 구별하기

мочь 할 수 있다(상황)
уметь 할 수 있다(능력)
хотеть 원하다

16

문맥상 '원하다'라는 동사가 와야 하므로 хочет이 정답이다.

[해석]   빅또르는 영국에 가기를 매우 원한다.
[정답]   Б

17

하고 싶으나 할 수 없는 상황이므로 может이 정답이다.

[어휘]   денег은 деньги의 복수 생격
[해석]   그러나 그는 돈이 없기 때문에 갈 수 없다
[정답]   А

(18) '좋아하다'의 유사 어휘 구별하기

любить : 명사 대격이나 동사 원형이 목적어로 온다.
   Он любит музыку / слушать музыку.

нравиться : 의미상 주어는 여격, 좋아하는 대상은 주격이 된다.
   Мне нравится эта музыка.

18

문제에 행위의 주체인 '의미상 주어'가 Ольге(여격)이므로 нравится가 정답이다.

[어휘]   нравиться 마음이 들다, 좋아하다 / современный 현대적인 / популярный 대중적인, 인기 있는
[해석]   올가는 현대적인 대중 음악을 듣는 것을 매우 좋아한다.
[정답]   Б

(19) 'красив-'를 어근으로 하는 어휘 구별하기

> **красивый** 아름다운
> **красавица** 미녀
> **красиво** 아름답게, 아름답다

19

'아름답다'라는 술어가 와야 하므로 술어 부사 красиво가 정답이다.

[어휘] красный 붉은 / в лесу 숲에서
[해석] 가을에 숲은 매우 아름답다.
[정답] Г

(20~21) 소유대명사 구별하기

20

안나 아흐마또바를 소유 형용사로 받아야 하기 때문에 её(그녀의)가 정답이다.

[어휘] поэт 시인 / стихи 시
[해석] 내가 사랑하는 시인은 안나 아흐마또바이다. 나는 그녀의 시를 좋아한다
[정답] В

21

город를 수식하는 소유 형용사 남성형태가 와야 하므로 наш가 정답이다.

[어휘] родиться 태어나다 / вырасти 자라다, 성장하다
[해석] 우리는 모스끄바에서 나고 자랐다. 모스끄바는 바로 우리의 도시이다.
[정답] А

(22) 의문사 구별하기

22

'проводить время(시간을 보내다)'는 как? 혹은 с кем(5)과 함께 쓰이므로 여기서는 с кем(5)이 정답이다.

[어휘] свободное время 여가 시간
[해석] 너는 누구와 함께 여가 시간을 보내길 좋아하니?
[정답] Г

(23~26) 전치사 구별하기

23

рассказать가 수반하는 형태는 о ком-чём(6)이므로 정답은 B 이다.

[어휘] лекция 강의 / известный 유명한 / журналист 기자 / Германия 독일
[해석] 유명한 기자는 강연에서 독일에 대해서 얘기했다.
[정답] В

24

площадь는 전치사 на를 써야 한다.

[어휘] праздник 축일, 휴일 / площадь 광장
[해석] 축일에 사람들은 광장에서 산책하는 것을 좋아한다.
[정답] Б

25

откуда?(~로부터)가 와야 하므로 из가 정답이다. из는 в와 쌍을 이루는 전치사이다.

[어휘] пригласить 초대하다
[해석] 축일에 우리는 모스끄바에 있는 친구들을 초대했다.
[정답] Б

26

'~에게 가다'라는 표현은 '운동동사 + к кому(3)'이다. 그러므로 정답은 к 이다.

[어휘] каникулы 방학 / поехать 가다(출발) / деревня 시골
[해석] 방학에 나는 시골에 계신 할머니께 갈 것이다.
[정답] В

ЧАСТЬ II

- 명사와 형용사의 격

(문제 27~30) 보기에서 정답을 고르세요.

27

площадь는 여성명사이므로 정답은 старая이다.

[어휘] находиться ~에 위치해 있다 / старый 오래된
[해석] 도시의 중심에는 오래된 광장이 있다.
[정답] Б

28

кафе는 중성명사이므로 정답은 молодёжное이다.

[어휘] открыться 열리다 / молодёжный 젊은이의
[해석] 광장에 흥미로운 카페가 문을 열었다.
[정답] В

29

встречи는 복수 명사이므로 정답은 интересные이다.

[어휘] бывать (추상적, 자연적 현상이) 존재하다, 있다 / интересный 흥미로운
[해석] 거기에서는 자주 흥미로운 만남들이 있다.
[정답] Г

30

рок-группа는 여성명사이므로 정답은 известная이다.

[어휘] выступать 출연하다, 공연하다, 연설하다 / известный 유명한
[해석] 어제 거기서는 유명한 록그룹이 공연했다.
[정답] Б

(문제 31~34) 정답을 고르세요.

31

소유를 의미하는 전치사 y가 수반하는 격은 생격(소유격)이므로 인칭대명사 я의 생격형인 меня가 정답이다.

[어휘] 'у меня есть ~' 나에게는 ~가 있다.
[해석] 나에게는 친구가 있다.
[정답] Б

32

러시아어에서는 '이름이 …이다'를 '대격 + зовут' 즉, '(그를) …라고 부른다'로 표현하므로 его가 정답이다.

[어휘] звать 부르다
[해석] 그의 이름은 안드레이다.
[정답] А

33

주어가 필요하므로 он이 정답이다.

[어휘] учиться ~에서 공부하다(~에 다니다)
[해석] 그는 대학에서 공부한다(대학에 다닌다).
[정답] А

34

'나는 그와 함께'란 표현에서 러시아어는 я가 아닌 мы를 주어로 사용한다.

[어휘] дружить с кем ~와 친하다, 사이가 좋다.
[해석] 나는 그와 오랫동안 친하게 지내고 있다.
[정답] Б

ЧАСТЬ III

- 명사의 격

(문제 35~47) 보기에서 정답을 고르세요.

35

문맥상 'где?(어디에서)'라는 표현이 와야 하므로 в Москве가 정답이다.

[어휘] теннисист 테니스 선수 / родиться 태어나다 / детство 어린시절
[해석] 마라뜨 사핀은 러시아의 유명한 테니스 선수이다. 마라뜨는 모스끄바에서 태어났다.
[정답] Б

36

나이를 표현할 때는 여격이 와야 하므로 Марату가 정답이다.

[어휘] лет은 год의 복수 생격이다.
[해석] 어린 시절에, 마라뜨가 6살이었을 때
[정답] B

37

мечтать는 о ком-чём(6)을 지배하는 동사이기 때문에 о футболе가 정답이다.

[어휘] мечтать о ком-чём(6) 꿈꾸다, 염원하다
[해석] 그는 축구하기를 꿈꿨다.
[정답] Г

38

문맥상 'куда?(어디로)'가 필요하므로 в команду가 정답이다.

[어휘] взять 데리고 가다, 가지고 가다 / тренер 코치 / команда 팀
[해석] 그러나 코치는 그를 팀에 데려가지 않았다.
[정답] А

39

문맥상 '~와 함께 테니스를 치다'라는 의미가 어울리므로 с мамой가 정답이다.

[어휘] начать + инф. 시작하다 / играть в теннис 테니스 치다
[해석] 마라뜨는 엄마와 테니스를 치기 시작했다.
[정답] Б

40

동사 быть는 조격을 지배하므로 теннисисткой가 정답이다.

[어휘] быть кем-чем(5) ~이다, 되다 / теннисистка 여자 테니스 선수
[해석] 그녀의 엄마는 테니스 선수였다.
[정답] А

41

'아들에게는 재능이 있다'라는 소유의 표현이 와야 하므로 у сына가 정답이다.

[어휘] сразу 단번에, 곧 / увидеть 보이다 / талант 재능
[해석] 그녀는 아들에게 재능이 있다는 것을 단번에 알아챘다.
[정답] В

42

'테니스 수업'이므로 테니스가 생격으로 와야 한다.

[어휘]   дать первые уроки 첫 수업을 해주다
[해석]   그에게 테니스 수업을 해주었다.
[정답]   Б

43

нравиться의 주체는 여격이 와야 하고, 객체에 해당하는 부분에 주격이 와야 하므로 Испания가 정답이다.

[어휘]   нравиться 마음에 들다, 좋아하다
[해석]   마라뜨는 스페인이 매우 마음에 든다고 말한다.
[정답]   А

44

любить 동사의 목적어가 와야 하므로 Россию가 정답이다.

[어휘]   больше (много의 비교급) 더 많이
[해석]   그러나 그는 러시아를 더 좋아한다.
[정답]   Г

45

소유를 부정하므로 생격 семьи가 정답이다.

[어휘]   ещё 아직
[해석]   그에게는 아직 가족이 없다.
[정답]   Б

46

'잡지사의 특파원'이므로 잡지사가 생격으로 와야 한다.

[어휘]   корреспондент 특파원 / спросить кого ~에게 묻다 / стать кем ~이 되다
[해석]   '스포츠' 잡지사의 특파원은 마라뜨 사핀에게 그의 장래희망을 물었다.
[정답]   Б

47

동사 стать는 조격을 지배하므로 чемпионом이 정답이다.

[어휘] стать кем ~이 되다
[해석] 마라뜨는 세계 챔피언이 되고 싶다고 대답했다.
[정답] Г

ЧАСТЬ IV

• 동사의 상과 시제

(문제 48~58) 보기에서 정답을 고르세요.

48

현재 진행되고 있는 일이므로 현재 시제 рисует이 정답이다.

[어휘] интересоваться чем(5) ~에 흥미가 있다, 관심이 있다 / искусство 예술 / рисовать(рисую, рисуешь, ... рисуют) 그림 그리다 / сам(сама, само, сами) 스스로
[해석] 나의 여자친구 이라는 예술에 관심이 있어서 직접 그림을 조금 그린다.
[정답] Б

49

현재 시제가 와야 하므로 ходит이 정답이다.

[어휘] ходить 걸어가다 (부정태이므로 여러 방향성, 습관, 반복을 의미한다.)
[해석] 그녀는 자주 박물관과 전시회에 다닌다.
[정답] В

50

문맥상 과거 시제가 와야 하므로 гуляли가 정답이다.

[어휘] воскресенье 일요일
[해석] 일요일에 나는 이라와 공원에서 산책했다.
[정답] Б

51

과거에 한 번 일어난 일이므로 완료상 동사의 과거 시제인 решила가 와야 한다.

[어휘] решить 결정하다 / нарисовать 그림 그리다 / картина 그림
[해석] 거기는 나의 여자 친구가 그림을 그리기로 결정할 정도로 아름다웠다.
[정답] А

52

앞선 동작이 과거 시제이므로 найти(찾다)의 과거형 нашла가 정답이다.

- **[어휘]** найти(нашёл, нашла, нашли) 찾다
- **[해석]** 다음 날 그녀는 공원에 가서 아름다운 장소를 찾았다.
- **[정답]** B

53

앞선 동작이 완료상 과거 시제이므로 완료상 동사(CB)의 과거형을 써야 한다.

- **[어휘]** начать + инф. ~하기 시작하다.
- **[해석]** 그림을 그리기 시작했다.
- **[정답]** B

54

문맥상 과거에 행해진 일이기 때문에 работала가 정답이다.

- **[어휘]** целый день 하루 종일
- **[해석]** 그녀는 하루 종일 오랫동안 일했다(그림을 그렸다).
- **[정답]** A

55

문맥상 과거의 의미이므로 увидела가 정답이다.

- **[어휘]** увидеть(CB)-видеть(HCB) 보다
- **[해석]** 내가 그녀의 그림을 보았을 때
- **[정답]** Б

56

55번 종속절의 주절이므로 시제는 동일하게 완료상 동사의 과거 시제를 써야 한다.

- **[어휘]** понять(CB)-понимать(HCB) 이해하다, 깨닫다 / настоящий 진짜의, 진정한, 현재의 / художник 화가
- **[해석]** 나는 나의 여자친구야말로 진정한 화가라는 것을 깨달았다.
- **[정답]** A

57

미래를 의미하는 시간의 부사 завтра가 있으므로 미래 시제인 попрошу가 정답이다.

[어휘]   попросить(CB)-просить(HCB) 부탁하다 / подарить(CB)-дарить(HCB) 선물하다
[해석]   내일 나는 이라에게 그림을 선물해 달라고 부탁할 것이다.
[정답]   A

58

57번과 연결되는 문장이므로 미래 시제인 подарит이 정답이다.

[어휘]   с удовольствием 기꺼이
[해석]   이라는 기꺼이 나에게 그림을 선물해줄 것이라고 생각한다.
[정답]   Б

ЧАСТЬ V

• 운동동사

(문제 59~64) 보기에서 정답을 고르세요.

59

다녀왔다는 왕복의 의미가 있으므로 부정태인 ездил이 정답이다. 도시명이 나왔기 때문에 ходить(걸어다니다)는 적당하지 않다.

[어휘]   ездить 타고 가다 (ехать의 부정태) / познакомиться с кем(5) ~와 알게 되다
[해석]   최근에 안똔은 뻬쩨르부르그를 다녀왔고 거기서 나따샤와 알게 됐다.
[정답]   Б

60

교통수단을 타고 가야 하므로 приду가 아니라 приеду가 정답이다.

[어휘]   получить 받다 / телеграмма 전보 / приехать 도착하다, 오다
[해석]   나는 5월 1일에 모스끄바로 갈 거야.
[정답]   A

61

과거 시제가 와야 하므로 поехал이 정답이다.

[어휘]   взять(CB)-брать(HCB) 잡다, 가지고 가다
[해석]   그는 택시를 잡아 타고 레닌그라드 기차역으로 갔다.
[정답]   В

62

과거 진행을 의미하는 동사가 와야 하므로 불완료상 동사의 과거 ехал이 정답이다.

- **[어휘]** ехать 타고 가다
- **[해석]** 그는 타고 가면서 나따샤를 생각했다.
- **[정답]** Б

63

'도착했다'라는 의미가 와야 하므로 приехал이 정답이다.

- **[어휘]** приехать 도착하다
- **[해석]** 안똔은 기차역에 도착해서 나따샤를 만났다.
- **[정답]** В

64

63번 문제와 연결되는 문장으로 '만나서 갔다'라는 의미이므로 과거 시제 поехали가 정답이다.

- **[어휘]** поехать 출발하다
- **[해석]** 그들은 붉은 광장으로 출발했다.
- **[정답]** А

ЧАСТЬ VI

- 접속사

(문제 65~70) 보기에서 정답을 고르세요.

65

앞뒤 문장의 주제가 같을 경우에는 접속사 а를 사용한다.

- **[어휘]** кино 영화(중성 외래어)
- **[해석]** 나는 영화를 매우 좋아한다. 반면 나의 형은 극장(연극, 발레, 오페라)을 좋아한다.
- **[정답]** Б

66

앞뒤 문장이 대립되는 경우에는 접속사 но를 사용한다.

[어휘] пригласить кого(4) куда? 초대하다
[해석] 나는 자주 그를 영화관에 초대하지만 그는 가기를 원하지 않는다.
[정답] А

67

종속절이 주어, 동사를 갖춘 완전한 문장일 경우, 종속 접속사 что를 써야 한다.

[어휘] посмотреть 보다 / по-телевизору TV로
[해석] 그는 영화는 집에서 TV로도 볼 수 있다고 말한다.
[정답] Б

68

원인을 뜻하는 접속사 потому что가 정답이다.

[어휘] ходить 가다(부정태)
[해석] 그런데 나는 최근에 형과 극장에 다녀왔다. 왜냐하면 그가 나를 초대했기 때문이다.
[정답] В

69

결과를 나타내는 접속사 поэтому가 정답이다.

[어휘] играть 연기하다, 역을 맡다 / известный 유명한 / с удовольствием 기꺼이
[해석] 이 연극에서는 유명한 배우들이 연기를 했다. 그래서 나는 기꺼이 이 연극을 봤다.
[정답] А

70

문맥상 조건 접속사 если(만약에 ~한다면)가 정답이다.

[어휘] обязательно 꼭 / пойти 출발하다(정태)
[해석] 만일 나의 형이 나를 극장에 한번 더 초대한다면 나는 꼭 그와 극장에 갈 것이다.
[정답] В

Субтест 2. АУДИРОВАНИЕ (듣기)

〈테스트 중 지켜야 할 사항〉

- 시험 시간은 30분입니다.
- 시험은 다섯 부분으로 이루어져 있으며 총 25문제입니다.
- 시험 중 사전을 이용할 수 없습니다.
- 각각의 텍스트를 들은 후 정답을 골라 답안지에 표시하세요.

예를 들면:

답을 수정할 경우, 아래와 같이 고치세요.

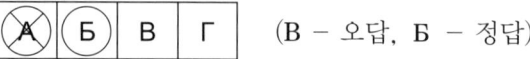

- 각 텍스트는 두 번 들려줍니다.

ЧАСТЬ I

(문제 1~4) 텍스트를 듣고 세 개의 문장(А, Б, В) 중에서 들은 텍스트의 의미를 정확하게 전달하고 있는 문항을 고르세요.

1.

В субботу вечером в общежитии будет встреча с режиссёром фильма «Анна Каренина».

[해석] 토요일 저녁에 기숙사에서는 '안나 까레니나' 영화 감독과의 만남이 있을 것이다.

(А) 금요일 저녁에 '안나 까레니나' 영화 감독이 관객과의 만남을 위해 기숙사로 올 것이다.
(Б) '안나 까레니나' 영화 감독이 토요일 저녁에 기숙사에서 (행사에) 출연할 것이다.
(В) 토요일 저녁에 기숙사에서 영화 '안나 까레니나'의 배우들과 만남이 이루어질 것이다.

[정답] Б

2.

Прослушайте информацию о погоде на воскресенье 20-ое октября.

[해석] 10월 20일 일요일 자 일기예보를 들으세요.

(А) 10월 20일 일요일은 날씨가 어떨지 들어 보세요.
(Б) 당신은 10월 20일 일요일 자 일기예보를 들었습니다.
(В) 10월 25일 금요일 자 일기예보를 들으세요.

[정답] A

3.

В субботу Вы можете поехать на экскурсию в старинный город Владимир.

[해석] 토요일에 여러분들은 러시아의 고도 블라지미르로 견학을 갈 수 있습니다.

(А) 토요일에 블라지미르에는 많은 관광객이 방문한다.
(Б) 블라지미르로 가는 견학은 매우 흥미로울 것이다.
(В) 토요일에 우리는 블라지미르로 견학을 갈 수 있다.

[정답] В

4.

Уважаемые пассажиры, автобусные билеты можно купить у водителя только на остановке.

[해석] 존경하는 승객 여러분, 버스표는 정류장에서만 운전기사에게 살 수 있습니다.

(А) 버스에서 승객들은 정류장에서만 표를 살 수 있다.
(Б) 버스 승객들은 아무 때나 운전기사에게 표를 살 수 있다.
(В) 승객들은 항상 버스에게 표를 산다.

[정답] A

ЧАСТЬ II

(문제 5~7) 대화를 듣고 이 사람들이 어디에서(어떤 장소에서) 대화를 하고 있는지 답을 고르세요.

5.

– Какая интересная сегодня игра!
– Да, «Спартак» сегодня отлично играет.
– Ура! Гол! Счёт 1:0!

– 오늘 정말 멋진 경기야!
– 그래, «스빠르따끄» 팀은 오늘 정말 경기를 잘한다.
– 만세! 골인! 점수는 1:0이다!

그들은 _____ 말한다.

(А) 거리에서
(Б) 경기장에서
(В) 공원에서

[정답] Б

6.

- Посмотри, какая интересная картина! Тебе нравится?
- Нет, не очень. Я больше люблю портреты.
- Тогда пойдём в другой зал, посмотрим портреты.

– 봐, 정말 흥미로운 그림이야! 너는 마음에 드니?
– 아니, 별로. 나는 초상화가 더 좋아.
– 그러면 다른 홀로 가서 초상화를 보자.

그들은 _____ 말한다.

(А) 박물관에서
(Б) 집에서
(В) 극장에서

[정답] А

7.

– Куда ты едешь? Нам надо ехать направо!
– Я еду правильно, я знаю дорогу.
– Сейчас я возьму карту и посмотрю, какая это улица!

– 너 어디로 가고 있는 거야? 우리는 오른쪽으로 가야 해!
– 나는 올바르게 가고 있어. 난 길을 알고 있다고.
– 지금 지도를 꺼내 여기가 어떤 거리인지를 봐야겠어!

그들은 _____ 말한다.

(А) 기차 안에서
(Б) 버스 안에서
(В) 자동차 안에서

[정답] В

ЧАСТЬ III

(문제 8~11) 대화를 듣고 문제에 답하세요.

8.

Что забыли взять муж и жена?

Муж: Так, всё в порядке, наши паспорта у меня.
Жена: А билеты я положила в сумку.
Муж: А где фотоаппарат?
Жена: О! фотоаппарат! Куда я его положила? Ах, я забыла его на столе.
Муж: Очень жаль. Я так хотел сделать интересные фотографии.

남편과 부인은 무엇을 잊었나요?

남편: 자, 다 잘 되고 있어. 여권은 나한테 있어.
부인: 그리고 비행기표는 가방에 넣었어요.
남편: 그런데 사진기는 어디에 있지?
부인: 아, 사진기! 내가 그것을 어디에 넣었지? 아, 사진기를 책상 위에 두고 왔어요.
남편: 정말 아쉽군! 정말 좋은 사진들을 찍고 싶었는데.

남편과 부인은 무엇을 잊었나요?

(А) 여권
(Б) 비행기표
(В) 사진기
(Г) 지도

[정답] В

9.

Где Ирина и Сергей хотят встретиться?

Сергей: Ирина, в субботу ты хотела пойти на концерт в консерваторию. Я купил билеты.
Ирина: С удовольствием пойду. А где мы встретимся? Около консерватории или в метро?
Сергей: Лучше в метро, на станции «Театральная», а оттуда пойдём пешком в консерваторию. Это близко.

이리나와 세르게이는 어디에서 만나고자 합니까?

세르게이: 이리나, 너 토요일에 음악원에서 하는 콘서트에 가고 싶어 했잖아. 내가 표를 샀어.
이라나: 기꺼이 가야지. 그런데 우리 어디에서 만날까? 음악원 근처에서, 지하철에서?
세르게이: «쩨아뜨랄나야» 지하철 역 안에서 만나는 것이 더 나을 것 같아. 거기에서 음악원으로 걸어 가자. 가깝거든.

이리나와 세르게이는 어디에서 만나기를 원합니까?

(А) 음악원 근처에서
(Б) 거리에서
(В) 지하철 근처에서
(Г) 지하철 안에서

[정답] Г

10.

Как чувствует себя Анна Ивановна?

Саша: Алло! Анна Ивановна? Здравствуйте! Как вы себя чувствуете? В субботу вам было очень плохо.
А.И.: Здравствуй, Саша. Да, два дня назад было очень плохо, была температура, болела голова.
Саша: А сегодня? Как вы себя чувствуете? Лучше?
А.И.: Да, уже лучше, чем раньше. Думаю, что через день-два всё будет хорошо.

안나 이바노브나는 건강이 어떻습니까?

사샤: 여보세요! 안나 이바노브나 선생님? 안녕하세요! 오늘 건강은 어떠세요? 토요일에 굉장히 안 좋으셨잖아요.
안나 이바노브나: 안녕, 사샤. 그래, 이틀 전에는 매우 안 좋았어. 열도 있었고 머리도 아팠었어.
사샤: 그럼 오늘은요? 건강이 어떠세요? 좀 좋아지셨어요?
안나 이바노브나: 그래, 예전보다는 훨씬 낫다. 이틀 후에는 완전히 좋아질 것 같구나.

안나 이바노브나는 건강이 어떻습니까?

(А) 매우 나쁘다.
(Б) 좀 나아졌다.
(В) 훌륭하다.
(Г) 매우 좋다

[정답] Б

11.

Какие билеты купил Миша?

Миша: Скажите, пожалуйста, у Вас есть билеты на концерт сегодня?
Кассир: Сейчас посмотрю.. Кажется, дешёвые билеты уже кончились. Вот, есть, только это очень дорогие билеты.
Миша: Неважно, я очень хочу послушать этот концерт сегодня. Дайте, пожалуйста, два билета.

미샤는 어떤 표를 샀습니까?

미샤: 말해 주세요, 오늘 콘서트 표가 있습니까?
매표소 직원: 지금 보겠습니다. 저렴한 표는 다 팔린 것 같습니다. 여기, 아주 비싼 표만 남아 있네요.
미샤: 중요하지 않습니다. 저는 오늘 이 콘서트를 꼭 보고 싶어요. 표 2장 주세요.

미샤는 어떤 표를 샀습니까?

(А) 매우 비싼
(Б) 싼
(В) 매우 싼
(Г) 비싼

[정답] A

ЧАСТЬ IV

(문제 12~18) 답안지의 질문을 읽으세요. 대화를 듣고 답안지에 정보를 적으세요.

- Курсы русского языка. Доброе утро! Слушаю вас. Чем я могу Вам помочь?
- Я хочу получить информацию о ваших курсах.
- Пожалуйста. Что вы хотите узнать?
- Когда начинаются курсы русского языка?
- Следующие курсы русского языка будут в октябре. Приходите, пожалуйста, в понедельник 5 октября.
- А в какое время начинаются занятия?
- Занятия всегда начинаются в 9 часов 15 минут, но в первый день Вы должны прийти немного раньше, потому что Вы должны узнать номер группы и номер аудитории, где Вы будете заниматься.
- Спасибо. Ещё один вопрос. Занятия будут каждый день?
- Нет, занятия будут только 2 раза в неделю. — в понедельник и в среду.
- Хорошо. Я понял. А скажите, пожалуйста, где вы находитесь?
- Чехова, 12.
- Одну минуту, я запишу адрес. Так ... улица Чехова, дом 12. Скажите, а это далеко от метро?
- Нет, это недалеко от станции метро «Тверская».

[해석]
- 러시아어 학원(과정)입니다. 좋은 아침입니다. 말씀하세요. 무엇을 도와 드릴까요?
- 저는 학원 정보를 얻고 싶어요.
- 좋습니다. 어떤 정보를 원하시나요?
- 러시아어 과정은 언제 시작됩니까?
- 다음 러시아어 과정은 10월에 시작됩니다. 10월 5일 월요일에 오세요.

- 수업은 몇 시에 시작하지요?
- 수업은 항상 9시 15분에 시작하지만 첫날은 조금 일찍 오셔야 합니다. 왜냐하면 공부하시게 될 그룹과 강의실 호수를 알아야만 하니까요.
- 고맙습니다. 질문이 하나 더 있는데요. 수업은 매일 있습니까?
- 아니요, 수업은 일주일에 2번만 있습니다. 월요일과 수요일입니다.
- 좋습니다. 알겠습니다. 그럼 학원이 어디에 있는지 말씀해 주시겠어요?
- 체홉 거리 12번지입니다.
- 잠깐만요. 주소를 메모하겠습니다. 그러면 체홉 거리 12번지죠. 지하철에서는 먼가요?
- 아니오. «뜨베르스까야» 지하철역에서 멀지 않습니다.

Курсы русского языка начинаются(러시아어 과정은 시작됩니다):

12. Месяц(달)

[정답] октябрь

13. День(요일)

[정답] понедельник

14. Дата(날짜)

[정답] 5 октября(05.10)

15. Время(시간)

[정답] 9.15

16. Дни занятий(수업 요일들)

[정답] понедельник, среда

17. Улица(거리)

[정답] Чехова

18. Дом(번지, 동)

[정답] 12

ЧАСТЬ V

(문제 19~25) 가이드가 모스끄바 관광객에게 안내하는 내용을 들으세요. 정보를 듣고 질문에 대한 답을 답안지에 적으세요.

> Добро пожаловать в столицу России – Москву!
>
> Добрый день! Я надеюсь, что у вас было приятное путешествие и сейчас вы все хорошо себя чувствуете. Меня зовут Антон. Я ваш гид, и сейчас я хочу дать вам полезную и нужную информацию.
>
> Сначала о работе банка. Он открывается в 9 часов утра и закрывается в 6 часов вечера. Итак, банк работает с 9 до 6 часов каждый день кроме воскресенья. В воскресенье банк не работает, но в этот день вы можете поменять деньги в гостинице, там есть пункт обмена. Он работает 24 часа каждый день.
>
> А теперь информация о транспорте. Вы можете поехать из гостиницы в центр города на автобусе номер 31. Автобусы ходят довольно часто, через 10 -15 минут, и вы не будете очень долго стоять и ждать на остановке. Остановка автобуса находится справа от гостиницы. Вы увидите её, когда выйдете из гостиницы. Билет в автобусе стоит 10 рублей.
>
> И, наконец, последняя информация. Сегодня вечером будет праздничный ужин, и мы все встретимся в ресторане гостиницы в 7 часов. Это всё, что я хотел вам сказать.
>
> Спасибо за внимание. До встречи.

[해석]

> 러시아의 수도 모스끄바로 오신 것을 환영합니다!
>
> 좋은 오후입니다! 저는 여러분들이 즐거운 여행을 하셨길, 또 지금 여러분들 모두가 좋은 컨디션이기를 바랍니다. 제 이름은 안똔입니다. 저는 여러분들의 가이드입니다. 지금 저는 여러분들에게 유익하고 필요한 정보를 드리려고 합니다.
>
> 우선 은행에 대한 정보입니다. 은행은 아침 9시에 열고 저녁 6시에 닫습니다. 이렇게, 은행은 9시부터 6시까지, 일요일만 제외하고 매일 운영됩니다. 일요일에는 은행이 문을 열지는 않지만, 호텔에서 돈을 바꿀 수 있습니다. 거기에 환전소가 있습니다. 환전소는 매일 24시간 운영합니다.
>
> 그리고 이제 교통수단에 대한 정보입니다. 여러분들은 호텔에서 시내로 31번 버스를 타고 가실 수 있습니다. 버스는 15분 간격으로 매우 자주 다녀서 정류장에서 오랫동안 서서 기다리실 필요가 없습니다. 버스 정류장은 호텔 오른쪽에 위치해 있습니다. 호텔에서 나오면 바로 보입니다. 버스표는 10루블입니다.
>
> 드디어 마지막 정보입니다. 오늘 저녁에 만찬이 있을 것입니다. 우리 모두 저녁 7시에 호텔 레스토랑에서 만날 것입니다. 이것이 제가 말씀드리려고 했던 전부입니다.
>
> 주목해 주셔서 감사합니다.
>
> 곧 뵙겠습니다.

[예시]

Гида зовут _____. (가이드의 이름은 _____ 이다.)

[정답] Антон

19. Туристы приехали _____. (관광객들은 _____에 도착했다.)

[정답] в Москву

20. Банк открывается _____. (은행은 _____에 연다.)

[정답] в 9 часов

21. Банк не работает _____. (은행은 _____에 열지 않는다.)

[정답] в воскресенье

22. Автобус в центр _____. (시내로 가는 버스는 _____이다.)

[정답] № 31

23. Остановка находится _____. (버스 정류장은 _____에 위치해 있다.)

[정답] справа от гостиницы

24. Билет в автобусе стоит _____. (버스표는 _____이다.)

[정답] 10 рублей

25. Праздничный ужин будет _____. (만찬은 _____ 있을 것이다.)

[정답] в ресторане в 7 часов

Субтест 3. ЧТЕНИЕ (읽기)

〈테스트 중 지켜야 할 사항〉

- 시험 시간은 50분입니다.
- 시험은 다섯 부분으로 이루어져 있으며 총 30개입니다.
- 시험 중 사전을 이용할 수 있습니다.
- 각각의 텍스트를 들은 후 정답을 골라 답안지에 표시하세요.

예를 들면:

| А | Ⓑ | В | Г |

(Б – 정답)

답을 수정할 경우, 아래와 같이 고치세요.

| Ⓐ | Ⓑ | В | Г |

(А – 오답, Б – 정답)

ЧАСТЬ I

(문제 1~4) 진술을 이어서 쓰세요.

1. 오늘 거리에 비가 내린다. _____

(А) 가방을 가져가라!
(Б) 우산을 잊지 마라!
(В) 나의 안경을 줘!

[어휘] дождь 비 / взять 가져가다 / забыть 잊다
[정답] Б

2. 이 박물관은 매우 멀다! _____

(А) 걸어서 가자!
(Б) 함께 가자!
(В) 자동차로 가자!

[어휘] далеко 멀다 / пешком 걸어서
[정답] В

3. 안타깝지만 나는 러시아어를 잘 못해. _____ .

    (А) 나는 최근에 러시아에 왔거든
    (Б) 나는 이미 러시아에 일 년이나 살고 있거든
    (В) 나는 대학에 다니고 있거든

[어휘]   к сожалению 안타깝게도 / приехать 도착하다
[정답]   А

4. 어제 나는 극장에서 새로운 발레를 보았다. _____ .

    (А) 나는 또한 축구를 보았다
    (Б) 그 발레의 제목은 «Весна»(봄)이다
    (В) 이 사람들은 좋은 배우들이다

[어휘]   посмотреть 보다 / называться 불리다 / артист 배우
[정답]   Б

ЧАСТЬ II

(문제 5~8) 공고문을 읽고 문제를 푸세요.

5.

```
알립니다!
내일 아트 갤러리에서
연례 전시회
«Земля и люди»(지구와 인간)가 열립니다.
```

이 전시회는 _____ 열린다.

    (А) 매년
    (Б) 매일
    (В) 한 달에 한 번

[어휘]   внимание 관심, 집중 / ежегодный 매년의 / бывать (자연적, 추상적 현상이) 있다, 존재하다
[정답]   А

6.

> 소치 시, 호텔 «Жемчужная»에서 6월 1일부터 14일까지 영화제 «Кинотавр»가 열립니다.
> 바다, 태양, 그리고 좋은 영화!

여러분들에게 _____ 소치 시로 가기를 제안합니다.

   (А) 영화를 보고 쉬기 위해서
   (Б) 바다에서 일광욕하고 수영하기 위해서
   (В) 호텔에서 일하기 위해서

[어휘] июнь 6월 / кинофестиваль 영화제 / солнце 태양 / предлагать 제안하다 / загорать 일광욕하다 / купаться 수영하다

[정답] А

7.

> 12년된 학교.
> 모스끄바 비즈니스 학교 «Экономист».
> 1-11 학년.
> 주소: 모스끄바, Молодёжная 거리, 75번지.
> 전화번호: 971- 31-93

학교는 _____ 초대한다.

   (А) 생일에
   (Б) 공부하기를
   (В) 일하기를

[어휘] приглашать 초대하다
[정답] Б

8.

> 여행사에서 젊은이들을 초대합니다. (18~25세)
> 여름 업무: 가이드, 매니저, 통역사
> 외국어 필수

_____ 여러분을 초대합니다.

   (А) 외국어를 배우도록

(Б) 관광을 가도록

(В) 여행사에서 일하도록

[어휘] туристическое агентство 여행사 / молодёжь 젊은이 / гид 가이드 / менеджер 매니저 / переводчик 통역사 / путешествие 여행

[정답] В

ЧАСТЬ III

(문제 9~12) 기사의 단편을 읽고 그에 대한 문제에 답하세요.

9.

누가 가장 현대적인 작곡자입니까? 음악가들은 루드비히 반 베토벤이라고 말합니다. 5월 1일에 모스끄바 차이꼽스끼 콘서트 홀에서는 음악회가 열립니다. 독일 오케스트라 Kamerata Europeana와 러시아 오케스트라 Musica Viva가 협연합니다. 협연곡은 베토벤의 음악입니다.

이것은 _____ 기사이다.

(А) 축제에 대한
(Б) 콘서트에 대한
(В) 작곡가에 대한

[어휘] современный 현대적인 / композитор 작곡가 / состояться 성립되다, 열리다 / оркестр 오케스트라

[정답] Б

10.

스노보드가 러시아에 들어온 지는 얼마 되지 않았으나 현재 우리나라에서 가장 유행하는 스포츠 종목이다. 스노보드는 영어이고 러시아어로는 눈판을 의미한다. 매년 많은 청년, 장년층들이 스노보드를 배우기 시작한다.

이것은 _____ 기사이다.

(А) 스포츠에 대한
(Б) 영어에 대한
(В) 스포츠맨에 대한

[어휘] сноуборд 스노보드 / появиться 나타나다, 출연하다 / модный 유행하는 / вид 종목 / значить 의미하다 / снежный 눈의 / доска 판 / начинать 시작하다 / заниматься сноубордом 스노보드를 하다

[정답] А

11.

여러분은 외국어를 습득하기를 원하십니까? 예를 들어 스페인어는 어떠신가요? 그렇다면 여러분은 일년간 스페인이나 스페인어로 말하는 나라로 가서 그곳 가정에서 살아볼 필요가 있습니다. 그러면 일년 후에 여러분은 스페인어를 아주 잘 알게 될 것이고 훌륭하게 말하게 될 겁니다. 국제 언어 학교가 여러분이 나라를 선택하고 가정(홈스테이)을 찾는 것을 도와 드립니다.

이것은 _____ 기사이다.

   (A) 가족에 대한

   (Б) 학습에 대한

   (В) 스페인에 대한

[어휘] выучить 습득하다 / например 예를 들면 / испанский 스페인의 / нужно 해야 한다 / поехать 출발하다 / Испания 스페인 / через ~후에 / отлично 매우 잘 / прекрасно 훌륭하게 / международный 국제의 / выбрать 선택하다 / найти 찾다

[정답] Б

12.

여러분이 회사 전화번호를 잊어버렸고, 여러분의 전화번호부가 매우 오래된 것이라면, 어떻게 해야 할까요? 인터넷에서 여러분은 항상 여러분에게 필요한 전화번호를 찾아낼 수 있습니다. 또한 만약 여러분이 회사의 전화번호는 알고 있으나 주소는 모른다 해도 이 회사에 대한 정보를 인터넷에서 얻을 수 있습니다.

이것은 _____ 기사이다.

   (A) 인터넷에 대한

   (Б) 새로운 전화에 대한

   (В) 회사에 대한

[어휘] забыть 잊다 / телефонная книга 전화번호부 / интернет 인터넷 / нужный 필요한 / получить 받다 / информация 정보

[정답] A

ЧАСТЬ IV

(문제 13~20) 텍스트를 읽고 문제에 답하세요.

> 축구는 세계에서 가장 인기 있는 경기이다. 축구는 수백만의 스포츠이다. 사람들은 영국이 현대 축구의 고향이라고 여긴다. 그러나 많은 다른 나라들이 이 경기의 원조일 수 있다. 역사학자들은 이집트, 그리스, 일본, 중국에서 오래된 공들을 발견했다. 중국에서는 축구 게임을 두뉴, 고대 그리스에서는 에삐스끼로스, 일본에서는 께마리라고 불렀다.

공식적으로 영국에서는 19세기 중반에 축구를 하기 시작했다. 영국에는 특별 운동장에서 경기를 했던 4개의 축구 팀이 있었다. 1871년에 영국에서는 최초의 축구 경기가 열렸고, 1872년에는 영국과 스코틀랜드의 첫 경기가 이루어졌다.

1904년에 운동선수들은 국제 축구 연맹인 FIFA를 조직하기로 했다. 프랑스인 로베르 게랭이 그 연맹의 초대 회장이었다.

여성들 또한 스포츠를 좋아한다. 20세기 초에 최초의 여성 축구팀들이 축구 경기를 시작했다. 그리고 지금 여성 축구는 올림픽 경기 종목에 들어가 있다.

13. 좀 더 정확한 텍스트의 제목을 고르세요.

(А) 축구의 역사
(Б) 영국은 축구의 고향이다
(В) 축구는 여성 경기이다

[어휘] популярный 인기 있는 / миллион 백만 / считать 간주하다, 여기다 / современный 현대의 / предок 조상, 선조 / Египет 이집트 / Греция 그리스 / Япония 일본 / Китай 중국 / находить 찾다 / мяч 공 / называться 불리다 / официально 공식적으로 / начать 시작하다 / Англия 영국 / середина 중간, 중반 / команда 팀 / специальный 특별한 / площадка 운동장 / состояться 성립되다, 열리다 / шотландский 스코틀랜드의 / решить 결정하다 / организовать 조직하다 / международный 국제의 / ассоциация 연합, 연맹 / входит во что 포함되다, 들어가다

[정답] A

(문제 14~20) 텍스트에 부합되는 정보를 고르세요.

14. 보통 사람들은 축구의 고향을 ＿＿＿＿＿＿ (이)라고 여긴다.

(А) 그리스
(Б) 프랑스
(В) 영국

[정답] B

15. 공식적으로 ＿＿＿＿＿＿ 에 축구가 시작되었다.

(А) 19세기
(Б) 20세기
(В) 15세기

[정답] A

16. 최초의 영국 축구 경기는 _____ 있었다.

   (A) 1872년도에
   (Б) 1871년도에
   (B) 1870년도에

   [정답] Б

17. 최초의 축구선수들은 _____ 축구를 했다.

   (A) 운동장에서
   (Б) 특별 운동장에서
   (B) 큰 운동장에서

   [정답] Б

18. 1872년도에 _____ 의 첫 시합이 이루어졌다.

   (A) 영국과 프랑스 팀
   (Б) 영국과 독일 팀
   (B) 영국과 스코틀랜드 팀

   [정답] B

19. FIFA 초대 회장인 로베르 게랭은 _____ 출신이었다.

   (A) 프랑스
   (Б) 영국
   (B) 일본

   [정답] A

20. 올림픽 경기 종목에 _____ 포함된다.

   (A) 남자 축구만
   (Б) 남성과 여성 축구가
   (B) 여성 축구가

   [정답] B

ЧАСТЬ IV

(문제 13~20) 텍스트를 읽고 문제에 답하세요.

마리야는 직장에서 집으로 왔다. 집 근처에서 그녀는 안드레이를 보았다. 예전에 그들은 자주 만났고, 산책했고, 영화관에 다녔다. 그리고 그들은 함께 있는 것이 좋았다. 그러나 어느날 마리야와 안드레이는 다퉜고, 이미 4개월 동안 만나지 않았다. 안드레이는 오지도 않았고, 전화도 하지 않았다. 그래서 마리야는 그에게 다른 여자 친구가 있을 거라고 생각했다.

마리야는 혼자 살았다. 집에서 적황색 강아지 빔까만이 그녀를 기다렸다. 마리야가 직장에서 집으로 돌아올 때면 빔까는 항상 기뻐했다. 마리야는 강아지를 겨울에 거리에서 발견했다. 이것이 3개월 전이었다. 처음에 빔까는 아무것도 먹지 않았고 누워서 슬프게 그녀를 쳐다보았다. 나중에는 익숙해져 먹기 시작했고 마리야를 좋아하게 되었다. 마리야는 빔까가 누구의 개인지 알고 싶었으나 아무도 누가 주인인지 말해줄 수 없었다.

안드레이는 집 근처에 서서 마리야를 기다렸다. 그는 그녀를 만나기를 꿈꿨다.
- 안녕, 마샤!
- 안녕, 안드레이! 어떻게 지내?
- 다 괜찮아.
- 너는 여기서 뭐 하고 있니?
마리야는 안드레이가 왜 여기에 왔는지 이해하지 못했다.
- 나는 개를 찾고 있어. 이름은 라다야. 4개월 전 겨울에 라다는 거리에서 혼자 산책을 했는데 집에 돌아오지 않았어. 나는 계속해서 찾고 있는데 찾을 수가 없어. 네가 우리 개를 보았을 수도 있을 것 같아서.
- 너의 개는 적황색이니?
- 그래, 적황색이야.
- 그러면 우리 집에 가자. 나는 너의 개가 어디 있는지 알고 있어.
마리야와 안드레이가 아파트로 들어갔을 때, 빔까는 그녀에게 달려오지 않고 안드레이에게 달려왔다. 주인과 개는 서로 매우 기뻐했다.
- 나는 너한테 개가 있는지, 이것이 너의 개인지 몰랐어. – 마리야가 말했다.
- 우리가 다퉜을 때 나는 안 좋았기 때문에 개를 샀어. – 안드레이는 대답했다.
- 결국 너는 너희 개 라다를 찾았구나. 나는 너희 개를 빔까라고 불렀어. – 마리야가 우울하게 말했다. – 이제 너희들은 집에 가도 돼.
안드레이는 아무 대답도 하지 않았다. 그는 마리야에게 온 것이 개를 찾기 위해서가 아니라 마리야를 사랑하기 때문이라는 것을 깨달았다. 그는 떠나고 싶지 않았다.
라다-빔까는 앉아서 그들을 보았고 또한 떠나고 싶지 않았다. 강아지는 그의 예전 주인과 새로운 주인이 함께하기를 바랐다.

[어휘] однажды 어느 날 / поссориться 말 다툼하다 / друг друга (상호대명사) 서로서로를 / рыжий 적황색의 / лежать 누워있다 / хозяин 주인 / мечтать 염원하다, 꿈꾸다 / искать(ищу, ищешь, ... ищут)-найти 찾다 / войти 들어가다 / побежать 달려가다 / рад(단어미 형용사) 기쁘다 / наконец 마침내, 결국에 / звать 부르다 / грустно 우울하게

21. 텍스트의 제목을 정하세요.

    (A) 사랑에 대해서
    (Б) 일에 대해서
    (B) 우정에 대해서

    [정답] A

(문제 22~25) _____ 정보를 고르세요.
    (A) 텍스트에 부합되는
    (Б) 텍스트에 부합되지 않는
    (B) 텍스트에 존재하지 않는

22. 마리야와 안드레이는 남매이다.

    [정답] Б

23. 안드레이는 영화관에서 마리야와 알게 됐다.

    [정답] B

24. 마리야는 혼자 살고 있다.

    [정답] A

25. 안드레이의 개는 빔까이다.

    [정답] A

(문제 26~30) 정답을 고르세요.

26. 마리야는 _____ 개를 발견했다.

    (A) 여름에 공원에서
    (Б) 겨울에 거리에서
    (B) 겨울에 상점에서

    [정답] Б

27. 마리야는 안드레이를 집으로 초대했다. 왜냐하면 _____ .

   (A) 거리에서 그는 추웠기 때문이다.
   (Б) 그녀는 빔까가 안드레이의 개라고 깨달았기 때문이다.
   (B) 그들은 오랫동안 보지 못했기 때문이다.

   [정답] Б

28. 안드레이는 개를 샀다. 왜냐하면 _____ .

   (A) 그는 마리야와 다퉈서 안 좋았기 때문이다.
   (Б) 그는 강아지가 매우 마음에 들었기 때문이다.
   (B) 그에게는 친구들이 없었기 때문이다.

   [정답] A

29. 강아지는 안드레이에게 달려갔다. 왜냐하면 _____ .

   (A) 이 사람은 모르는 사람이었기 때문이다.
   (Б) 누가 개의 주인인지 깨닫지 못했기 때문이다.
   (B) 개가 주인을 알아봤기 때문이다.

   [정답] B

30. 안드레이는 마리야를 봤을 때, _____ 깨달았다.

   (A) 그의 개가 마리야 집에서 산다는 것을
   (Б) 아가씨를 잘 모른다는 것을
   (B) 이 아가씨를 사랑하고 있다는 것을

   [정답] B

Субтест 4. ПИСЬМО (쓰기)

〈테스트 중 지켜야 할 사항〉
- 시험 시간은 40분입니다.
- 시험은 한 문제로 이루어져 있습니다.
- 시험 중 사전을 이용할 수 있습니다.

문제. 당신은 펜팔을 하기 위해서 젊은 러시아 청년이나 아가씨와 인사하기를 원합니다. 당신에게 그(그녀)의 주소가 주어졌습니다.

아래 사항들을 포함하는 편지를 쓰고, 인사하기를 청하고, 자신에 대해서 얘기하세요.
- 당신 이름은 무엇입니까?
- 당신 나이는 몇 살입니까?
- 당신은 누구입니까? (국적, 직업 등)
- 당신의 출신은 어디입니까?
- 당신은 예전에 어디에서 공부했습니까?
- 당신은 어떠한 과목들을 좋아합니까?
- 당신은 언제 어디에서 러시아어를 배우기 시작했고, 이유는 무엇입니까?
- 당신은 여가 시간에 무엇을 하기를 좋아합니까?

당신이 이 편지를 쓰는 이유와 당신이 이 사람에 대해서 무엇을 알기를 원하는지 설명하고, 그(그녀)에게 여러 질문을 던지고, 당신에게 편지를 써주기를 부탁하세요.

여러분의 편지는 15문장 이상이어야만 합니다.

[예시 답안 1]

Привет, Иван!
Я очень хочу познакомиться с русским молодым человеком, чтобы переписываться с ним. Поэтому я пишу тебе это письмо.
Давай познакомимся! Меня зовут Мин Джи. Я кореянка. Я живу в Корее в городе Сеул. Мне 21 год. Я – студентка. Сейчас я учусь в университете на 2 курсе. Раньше я училась в школе. В школе я очень любила английский язык и литературу. Я всегда любила изучать иностранные языки, поэтому я начала изучать русский язык, когда поступила в университет.
В свободное время я люблю встречаться с друзьями, ходить в кино или гулять в парке.

Мне очень интересно узнать о тебе. Напиши мне, пожалуйста, письмо. Расскажи, сколько тебе лет? Где ты учишься? Какая у тебя семья? Что ты любишь делать в свободное время?

Очень жду твое письмо.

До свидания.

22.10.2020   Мин Джи

[예시 답안 2]

Здравствуй, Анна!

Давай познакомимся! Меня зовут Су Ён. Моё русское имя – Серёжа. Я родился в Южной Корее, в городе Сеул. Сеул – это столица нашей страны. Сейчас я живу тоже в Сеуле. Это очень интересный город. Я люблю Сеул. Сейчас мне 23 года. Я учусь в университете. Я – студент. Я очень хочу познакомиться с тобой, чтобы писать письма друг другу по-русски.

Я изучаю русский язык уже 3 года. Когда я учился в университете на первом курсе, я узнал, что русский язык очень красивый и интересный, и сейчас русский язык очень популярный в Корее. Поэтому я захотел изучать русский язык. В школе я любил изучать иностранные языки, но ещё я любил историю и корейский язык.

Я очень люблю спорт. В свободное время я часто хожу в бассейн и плаваю там. А ещё я люблю готовить. Дома я часто готовлю корейские блюда. Мои друзья говорят, что я хорошо готовлю.

Пожалуйста, Анна, напиши мне письмо. Я буду рад узнать о тебе. Расскажи, ты сейчас учишься или работаешь? Где? Какие иностранные языки ты знаешь? Что ты любишь делать в свободное время?

Я буду рад получить твой ответ.

До свидания.

22.10.2020   Су Ён

Субтест 5. ГОВОРЕНИЕ (말하기)

〈테스트 중 지켜야 할 사항〉

- 시험 시간은 25분입니다.
- 시험은 세 문제로 이루어져 있습니다.
- 시험 중 사전을 이용할 수 없습니다.

〈유형 1〉

[문제 1 유의사항]

- 시험 시간은 5분입니다.
- 시험은 사전 준비 없이 진행됩니다. 여러분은 대화에 참여해야 합니다. 감독관의 질문을 듣고 대답하세요. 대답할 수 없다면 지체하지 말고 다음 질문으로 넘어가세요.
- 완전한 문장으로 답해야 합니다('예', '아니오' 또는 '모릅니다'라는 대답은 완전한 문장이 아닙니다).

문제 1. (1~5) 대화에 참여하여 질문에 답하세요.

1. 당신은 오늘 날씨가 어떤지 알고 있습니까?

[예시 답안]
— Сегодня хорошая погода. На улице очень тепло.
 (오늘은 날씨가 좋습니다. 거리는 매우 따뜻합니다.)

2. 지금 몇 시인지 말씀해 주세요.

[예시 답안]
— Сейчас 10 часов 20 минут.
 (지금은 10시 20분입니다.)

3. 오늘 컨디션은 어떻습니까?

[예시 답안]
— Спасибо, сегодня я чувствую себя хорошо.
 (고맙습니다. 오늘 컨디션이 좋습니다.)

4. 말해주세요, 당신은 영어를 합니까?

[예시 답안]
– Да, я неплохо говорю по-английски.
   (네, 저는 영어를 썩 잘합니다.)

5. 당신은 보통 여름에 어디에서 쉽니까?

[예시 답안]
– Летом я обычно отдыхаю на море.
   (여름에 나는 보통 바다에서 쉽니다.)

[문제 2 유의사항]
- 시험 시간은 5분입니다.
- 시험은 사전 준비 없이 진행됩니다. 여러분은 대화에 참여해야 합니다. 상황을 접하고 대화를 시작하세요. 주어진 상황이 어려우면 다음 상황으로 넘어가세요.

문제 2. (상황 6~10) 상황을 접하고 대화에 참여하세요.

6. 저는 음악 CD를 사기를 원합니다. 어떤 CD를 사야 할지 조언해 주세요.

[예시 답안]
– Я советую вам купить диск корейского певицы Айю. Она сейчас очень популярная.
   (나는 한국가수 아이유 CD를 사기를 조언합니다. 그녀는 매우 인기가 있습니다.)

7. 당신은 의사에게 왔습니다. 대화를 시작하고 왜 당신이 병원에 왔는지 설명하세요.

[예시 답안]
– Здравствуйте, доктор. Я плохо себя чувствую. У меня болит голова.
   (안녕하세요, 의사선생님. 나는 몸이 좋지 않습니다. 머리가 아픕니다.)

8. 당신은 수업에 지각을 했습니다. 무슨 일이 있었는지 선생님에게 설명하세요.

[예시 답안]
– Извините, я опоздал на урок, потому что я сегодня поздно встал.
   (죄송합니다, 수업에 지각했습니다. 왜냐하면 저는 오늘 늦게 일어났거든요.)

9. 당신의 생일입니다. 친구를 초대하세요. 파티를 언제 어디서 할지를 이야기해 주세요.

[예시 답안]

– Привет, Иван. Я приглашаю тебя на мой день рождения. Праздник будет сегодня в 6 часов в кафе «Тройка».

(안녕, 이반. 내 생일에 널 초대할게. 파티는 오늘 6시에 카페 «뜨로이까»에서 있을 거야.)

10. 당신은 오랫동안 친구를 보지 못했습니다. 그런데 오늘 당신은 그와 만났습니다... 대화를 시작하세요.

[예시 답안]

– Привет, Иван. Я так давно тебя не видел! Как твои дела?

(안녕, 이반. 정말 오랫동안 보지 못했어. 어떻게 지내니?)

[문제 3 유의사항]

- 시험 시간은 15분입니다. (준비 10분, 답변 5분)
- 제시된 주제에 대한 이야기를 준비하세요.(10~12문장)

문제 3. '나와 나의 친구' 라는 주제에 대한 이야기를 준비하세요.
질문: – 당신과 당신 친구의 이름은 무엇입니까?
– 당신은 몇 살입니까?
– 당신은 어디에서 삽니까?
– 당신들은 언제 어디에서 알게 되었습니까?
– 당신들은 몇 년 동안 친하게 지내고 있습니까?
– 당신은 어디에서 어떻게 공부합니까?
– 당신과 당신의 친구는 어떠한 과목들을 좋아합니까?
– 당신과 당신의 친구는 여가 시간에 무엇을 하는 것을 좋아합니까?
– 당신은 무엇이 되길 원하고 이유는 무엇입니까?
– 당신은 왜 당신 친구가 좋습니까?

[예시 답안]

Здравствуйте, меня зовут ... . Мне 22 года. Я живу в Сеуле. У меня есть очень хороший друг. Его зовут ... . Ему тоже 22 года. Мы вместе учимся в университете. Мы познакомились с ним на первом курсе в университете. Мы дружим уже 2 года. В университете мы изучаем русский язык. Нам нравится русский язык. Это очень трудный, но интересный язык. После университета я хочу работать преподавателем, а мой друг хочет стать переводчиком. В свободное время мы любим ходить в кафе, гулять в парке. Ещё нам нравится изучать русский язык: слушать русские песни, читать русские книги, разговаривать по-русски. Мне очень нравится мой друг, потому что он очень весёлый, добрый и интересный человек. И он тоже любит русский язык.

[해석]

안녕하세요. 제 이름은 _____ 입니다. 저는 22살입니다. 저는 서울에 살고 있습니다. 나에게는 매우 좋은 친구가 있습니다. 그의 이름은 _____ 입니다. 그 또한 22살입니다. 우리는 함께 대학에 다닙니다. 저는 그와 대학 1학년 때 알게 되었습니다. 우리는 2년 동안 사이좋게 지내고 있습니다. 대학에서 우리는 러시아어를 배우고 있습니다. 우리는 러시아어가 좋습니다. 러시아어는 매우 어렵지만 흥미로운 언어입니다. 대학 졸업 후에 나는 선생님으로 일하기를 원하고, 나의 친구는 통역사가 되기를 원합니다. 여가 시간에 우리는 카페에 다니고 공원에서 산책하기를 좋아합니다. 또한 러시아어 공부하기를 좋아합니다: 러시아 노래를 듣고 러시아 책을 읽고 러시아어로 대화하는 것을 좋아합니다. 나는 나의 친구가 좋습니다. 왜냐하면 그는 매우 명랑하고 착하고 흥미로운 사람입니다. 그리고 그 또한 러시아어를 좋아합니다.

〈유형 2〉

[문제 1 유의사항]
- 시험 시간은 5분입니다.
- 시험은 사전 준비 없이 진행됩니다. 여러분은 대화에 참여해야 합니다. 감독관의 질문을 듣고 대답하세요. 대답할 수 없다면 지체하지 말고 다음 질문으로 넘어가세요.
- 완전한 문장으로 답해야 합니다('예', '아니오' 또는 '모릅니다'라는 대답은 완전한 문장이 아닙니다).

문제 1. (1~5) 대화에 참여하여 질문에 답하세요.

1. 말해 주세요, 당신은 러시아어가 마음에 듭니까?

[예시 답안]
– Да, мне нравится русский язык. Русский язык очень красивый и интересный.
(네, 저는 러시아어가 마음에 듭니다. 러시아어는 매우 아름답고 흥미롭습니다.)

2. 말해 주세요, 당신이 태어난 도시의 이름은 무엇입니까?

[예시 답안]
– Мой родной город называется Сеул.
(제가 태어난 도시는 서울입니다.)

3. 당신은 알고 있습니까? 어떤 버스가 시내까지 갑니까?

[예시 답안]

— В центр города идёт автобус номер 5 и номер 23.
(5번 버스와 23번 버스가 시내까지 갑니다.)

4. 무슨 일이 있었습니까? 왜 어제 당신은 견학에 오지 않았습니까?

[예시 답안]

— Я не был вчера на экскурсии, потому что я плохо себя чувствовал и ходил в поликлинику.
(저는 어제 견학에 가지 않았습니다. 왜냐하면 건강이 안 좋아서 병원에 다녀왔기 때문입니다.)

5. 어제 나는 당신에게 전화를 했지만 당신은 집에 없었습니다. 당신은 어제 저녁 내내 어디에 있었습니까?

[예시 답안]

— Вчера весь вечер я был на стадионе, там я смотрел футбол.
(저는 어제 저녁 내내 운동장에 있었습니다. 거기서 축구를 봤습니다.)

[문제 2 유의사항]

- 시험 시간은 5분입니다.
- 시험은 사전 준비 없이 진행됩니다. 여러분은 대화에 참여해야 합니다. 상황을 접하고 대화를 시작하세요. 주어진 상황이 어려우면 다음 상황으로 넘어가세요.

문제 2 (6~10) 상황을 접하고 대화에 참여하세요.

6. 당신에게는 서커스 표가 두 장 있습니다. 누구와 가기를 원합니까? 친구(여자 친구)를 초대하세요.

[예시 답안]

— У меня есть два билета в цирк. Я хочу пойти в цирк с тобой, Иван. Давай пойдём вместе.
(나에게 두 장의 서커스 표가 있어. 너하고 서커스에 가고 싶은데. 이반, 함께 가자.)

7. 당신은 카페에 왔습니다. 당신은 점심을 먹으려 합니다. 대화를 시작하세요. 당신이 무엇을 먹고 싶은지 말씀해 주세요.

[예시 답안]

— Здравствуйте. Я хочу пообедать. Дайте мне, пожалуйста, суп, рыбу и рис. Я хочу пить апельсиновый сок. Спасибо.

(안녕하세요. 저는 점심을 먹으려고 합니다. 스프, 생선과 밥을 주세요. 오렌지 주스를 마시고 싶습니다. 고맙습니다.)

8. 당신은 낯선 도시에 있습니다. 당신은 박물관에 가기를 원합니다. 그러나 그것이 어디에 있는지 모릅니다. 알아보세요.

[예시 답안]

– Извините, пожалуйста. Я хочу пойти в музей, но не знаю, где он находится. Вы не скажите, как добраться до музея?
(실례합니다만, 저는 박물관에 가기를 원합니다. 그러나 그것이 어디에 있는지 모릅니다. 어떻게 박물관까지 가는지 말씀해 주시지 않겠습니까?)

9. 당신은 내일 견학이 있다는 것을 알게 되었습니다. 이것에 대해서 전화로 친구에게 알려 주세요.

[예시 답안]

– Привет, Иван. Как дела? Ты знаешь, что завтра днём в 4 часа у нас будет экскурсия в Кремль.
(안녕, 이반. 어떻게 지내니? 너는 알고 있니? 내일 4시에 끄레믈 견학이 있을 거야.)

10. 당신은 자신의 사전을 집에 두고 왔습니다. 친구에게 빌리세요.

[예시 답안]

– Иван, извини. Мне сейчас нужен словарь, но я забыл мой словарь дома. Дай мне, пожалуйста, твой словарь.
(이반, 미안한데, 지금 사전이 필요하거든. 근데 사전을 집에다 두고 왔어. 네 사전을 좀 빌려 줄래.)

[문제 3 유의사항]

• 시험 시간은 15분입니다. (준비 10분, 답변 5분)
• 제시된 주제에 대한 이야기를 준비하세요.(10~12문장)

문제 3. '나의 가족은 집에 있다'라는 주제에 대한 이야기를 준비하세요.
질문: – 당신은 당신의 가족이 집에 있는 것을 좋아합니까?
– 가족은 언제 집에 있습니까?
– 당신의 가족은 어떻습니까? (대가족/소가족입니까?)
– 당신의 가족은 몇 명입니까?
– 당신의 부모님, 형제, 자매들은 무슨 일을 합니까?
– 당신은 할머니와 할아버지가 계십니까? 그들은 어디에서 삽니까?
– 당신은 자주 그들과 만납니까?

– 당신의 가족은 토요일과 일요일에 무엇을 합니까?
– 당신들은 어떻게 함께 쉽니까?
– 당신들은 여가 시간에 어디에 다니는 것을 좋아합니까?

[예시 답안]

   Здравствуйте. Меня зовут ... . У меня небольшая семья. В моей семье 4 человека: мама, папа, старший брат и я. Ещё у меня есть дедушка и бабашука, но они живут далеко в другом городе. Мой папа врач, он работает в больнице. Он очень любит свою работу. Ещё мой папа любит спорт, особенно бейсбол. Он часто смотрит бейсбол по телевизору. Моя мама – домохозяйка и она много работает дома: готовит еду, убирает квартиру, моет посуду. Мой старший брат – студент и учится в университете. Я тоже студент. В университете я изучаю русский язык. Я люблю читать русские книги и смотреть русские фильмы. Я люблю, когда моя семья дома. Обычно вся моя семья дома в воскресенье. В воскресенье мы вместе обедаем, смотрим телевизор или разговариваем. Если на улице хорошая погода, мы любим ходить в парк. В парке мы гуляем, играем в бадминтон, катаемся на велосипеде. После парка мы идём в кафе, там мы пьём кофе и едим мороженое. Я очень люблю мою семью. И я очень люблю воскресенье.

[해석]

   안녕하세요. 제 이름은 _____ 입니다. 저희 가족은 대가족은 아닙니다. 저희 가족은 4명입니다: 엄마, 아빠, 형과 저입니다. 저에게는 또한 할아버지와 할머니가 계시지만, 다른 도시에 멀리 살고 계십니다. 아빠는 의사이고 병원에서 일합니다. 아빠는 자신의 직업을 매우 좋아합니다. 또한 운동을 좋아하고 특히 야구를 좋아합니다. 아빠는 자주 텔레비젼으로 야구를 봅니다. 엄마는 가정주부입니다. 그래서 집에서 많은 일을 합니다: 음식을 준비하고 집을 청소하고 식기를 닦습니다. 형은 대학생이라서 대학에 다닙니다. 저 또한 대학생입니다. 대학에서 저는 러시아어를 배우고 있습니다. 저는 러시아 책을 보고 러시아 영화를 보는 것을 좋아합니다. 저는 가족이 집에 있는 것을 좋아합니다. 보통 우리 가족은 일요일에 집에 있습니다. 일요일에 우리는 함께 점심을 먹고 텔레비젼을 보고 대화를 합니다. 만약 날씨가 좋으면 우리는 공원에 가는 것을 좋아합니다. 공원에서 우리는 산책하고 배드민턴을 치고 자전거를 탑니다. 공원에서 산책 후에 우리는 카페에 가서 커피를 마시고 아이스크림을 먹습니다. 나는 우리 가족을 사랑합니다. 그리고 일요일을 매우 좋아합니다.

<유형 3>

[문제 1 유의사항]

- 시험 시간은 5분입니다.
- 시험은 사전 준비 없이 진행됩니다. 여러분은 대화에 참여해야 합니다. 감독관의 질문을 듣고 대답하세요. 대답할 수 없다면 지체하지 말고 다음 질문으로 넘어가세요.
- 완전한 문장으로 답해야 합니다('예', '아니오' 또는 '모릅니다'라는 대답은 완전한 문장이 아닙니다).

문제 1. (1~5) 대화에 참여하여 질문에 답하세요.

1. 말해 주세요, 당신은 얼마 동안 러시아어를 배웠습니까?

[예시 답안]

– Я изучаю русский язык 1 год.
 (저는 러시아어를 1년 동안 배우고 있습니다.)

2. 당신은 어디에서 점심을 먹고 커피를 마실 수 있는지 알고 있습니까?

[예시 답안]

– Пообедать или выпить кофе можно в нашей столовой. Там есть хороший и недорогой кофе.
 (우리 식당에서 점심을 먹거나 커피를 마실 수 있습니다. 거기에는 좋고, 비싸지 않은 커피가 있습니다.)

3. 말해 주세요, 오늘은 무슨 요일입니까?

[예시 답안]

– Сегодня понедельник.
 (오늘은 월요일입니다.)

4. 말해 주세요, 시험이 끝난 후에 당신은 어디로 갑니까?

[예시 답안]

– После экзамена я пойду в кафе пить кофе, а потом пойду домой.
 (시험이 끝난 후에 저는 커피를 마시러 카페에 가고, 그 다음에 집에 갈 겁니다.)

5. 말해 주세요, 당신은 어떠한 과목을 좋아합니까?

[예시 답안]

– Мой любимый предмет – русский язык. Он очень сложный, но очень интересный.
 (내가 좋아하는 과목은 러시아어입니다. 러시아어는 매우 어렵지만 매우 흥미롭습니다.)

[문제 2 유의사항]

- 시험 시간은 5분입니다.
- 시험은 사전 준비 없이 진행됩니다. 여러분은 대화에 참여해야 합니다. 상황을 접하고 대화를 시작하세요. 주어진 상황이 어려우면 다음 상황으로 넘어가세요.

문제 2 (6~10) 상황을 접하고 대화에 참여하세요.

6. 당신은 친구를 집으로 초대하고 싶습니다. 당신이 어디에 사는지 그에게 말해 주세요.

[예시 답안]

– Привет, Иван. Я хочу пригласить тебя в гости. Я живу на улице Гымхо, дом 41, квартира 23.
(안녕, 이반. 나는 너를 집으로 초대하기를 원해. 나는 금호동 41번지 23호 아파트에 살고 있어.)

7. 당신의 친구는 지금 모스끄바에 있습니다. 그에게 전화해서 그가 어떻게 지내는지 알아보세요.

[예시 답안]

– Привет, Иван! Как у тебя дела? Тебе нравится Москва? Какая у вас там погода?
(안녕, 이반! 어떻게 지내니? 너는 모스끄바가 마음에 드니? 거기 날씨는 어떠니?)

8. 당신은 클럽에서 젊은 남성(아가씨)과 알게 되었습니다. 대화를 시작하세요.

[예시 답안]

– Извините, девушка. Я думаю, что вы очень симпатичная. Давайте познакомимся. Меня зовут Иван. А вас как зовут?
(실례합니다, 아가씨. 저는 당신이 매우 매력 있는 아가씨라고 생각합니다. 인사합시다. 제 이름은 이반입니다. 당신 이름은 무엇입니까?)

9. 당신은 수업 중입니다. 당신에게는 펜이 없습니다. 친구에게 부탁하세요.

[예시 답안]

– Иван, извини. Моя ручка не пишет. У тебя есть ещё одна ручка? Дай мне, пожалуйста.
(이반, 미안한데, 내 펜이 써지지가 않아. 너에게 하나의 펜이 더 있니? 좀 빌려 줄래?)

10. 당신은 친구의 토요일과 일요일 계획을 알고 싶습니다.

[예시 답안]

– Привет, Иван. Завтра выходные. Какие у тебя планы на субботу? А что ты будешь делать в воскресенье?
(안녕, 이반. 내일은 휴일인데 토요일에 어떤 계획이 있니? 그리고 일요일에는 뭐 할 거니?)

[문제 3 유의사항]

- 시험 시간은 15분입니다. (준비 10분, 답변 5분)
- 제시된 주제에 대한 이야기를 준비하세요.(10~12문장)

문제 3. '나의 방학'이라는 주제에 대한 이야기를 준비하세요.
질문: – 당신의 방학은 보통 언제입니까?
– 당신은 얼마 동안 쉽니까?
– 당신은 여름방학과 겨울방학을 어디에서 보낼 겁니까?
– 당신은 방학 때 무엇을 할 겁니까? (음악, 스포츠, 극장, 영화, 책 등)
– 당신은 누구와 만날 겁니까?
– 당신은 여행하기를 좋아합니까, 아니면 집에서 쉬는 것을 좋아합니까?
– 당신은 이미 어디에 다녀왔습니까?
– 당신은 다음 방학에 어디에 가기를 원합니까?
– 당신은 방학 때 어떤 책을 읽기를 원합니까?
– 당신은 영화를 보기를 원합니까?

[예시 답안]

　　Здравствуйте. Меня зовут ... . Я хочу рассказать вам о моих каникулах. Я учусь в университете, и у меня есть каникулы зимой и летом. Зимой я отдыхаю 1 месяц, а летом – 3 месяца. Обычно зимой я провожу каникулы дома. Потому что на улице холодно и я не хочу никуда идти. Дома я слушаю музыку, читаю книги, играю на компьютере или просто разговариваю по телефону. Летом на улице хорошая погода, поэтому летом в каникулы я люблю ходить гулять и встречаться с моими друзьями. Мы вместе ходим в кафе или ресторан, там мы едим вкусные корейские блюда, пьём кофе и разговариваем обо всём. Ещё летом я очень люблю путешествовать: ездить на море или в другие страны. В прошлом году я ездил на остров Чеджу. Это очень известный корейский остров. Там красивое синее море и красивая природа. Там можно купаться и загорать. Но в этом году я хочу поехать в Москву. Там я хочу посмотреть Кремль и Красную площадь и разговаривать с русскими людьм по-русски.

[해석]

　　안녕하세요. 제 이름은 ____ 입니다. 저는 여러분에게 저의 방학에 대해서 얘기하기를 원합니다. 저는 대학에 다니고 있고, 저에게는 여름방학과 겨울방학이 있습니다. 겨울에는 한 달을 쉬고 여름에는 석 달을 쉽니다. 보통 겨울에는 집에서 방학을 보냅니다. 왜냐하면 밖이 추워서 어디에도 가고 싶지가 않기 때문입니다. 집에서 저는 음악을 듣고 책을 읽고 컴퓨터를 하거나 그냥 전화 통화를 합니다. 여름에는 밖에 날씨가 매우 좋아서 여름방학에는 산책을 하고 친구들과 만나는 것을 좋아합니다. 우리는 함께 카페나 레스토랑에 다니고, 거기에서 맛있는 한국 음식들을 먹고, 커피를 마시고, 모든 것에 대해서 이야기를 나눕니다. 또한 여름에 저는 여행하는 것을 매우 좋아해서 바다나 다른 나라들을 다닙니다. 작년에는 제주도에 다녀왔습니다. 제주도는 매우 유명한 한국의 섬입니다. 거기에는 아름다운 푸른 바다와 아름다운 자연이 있습니다. 거기서는 수영과 일광욕을 할 수 있습니다. 올해에는 모스끄바에 가보고 싶습니다. 거기서 끄레믈과 붉은 광장을 보고 러시아 사람들과 러시아어로 대화하고 싶습니다.

Типовые тесты по русскому языку как иностранному • ТЭУ

МАТРИЦЫ
СУБТЕСТ 1. ЛЕКСИКА. ГРАММАТИКА
РАБОЧАЯ МАТРИЦА

Имя, фамилия_____ **Страна**_____ **Дата**_____

Часть I	1	А	Б	В	Г
	2	А	Б	В	Г
	3	А	Б	В	Г
	4	А	Б	В	Г
	5	А	Б	В	Г
	6	А	Б	В	Г
	7	А	Б	В	Г
	8	А	Б	В	Г
	9	А	Б	В	Г
	10	А	Б	В	Г
	11	А	Б	В	Г
	12	А	Б	В	Г
	13	А	Б	В	Г
	14	А	Б	В	Г
	15	А	Б	В	Г
	16	А	Б	В	Г
	17	А	Б	В	Г
	18	А	Б	В	Г
	19	А	Б	В	Г
	20	А	Б	В	Г
	21	А	Б	В	Г
	22	А	Б	В	Г
	23	А	Б	В	Г

	24	А	Б	В	Г
	25	А	Б	В	Г
	26	А	Б	В	Г
Часть II	27	А	Б	В	Г
	28	А	Б	В	Г
	29	А	Б	В	Г
	30	А	Б	В	Г
	31	А	Б	В	Г
	32	А	Б	В	Г
	33	А	Б	В	Г
	34	А	Б	В	Г
Часть III	35	А	Б	В	Г
	36	А	Б	В	Г
	37	А	Б	В	Г
	38	А	Б	В	Г
	39	А	Б	В	Г
	40	А	Б	В	Г
	41	А	Б	В	Г
	42	А	Б	В	Г
	43	А	Б	В	Г
	44	А	Б	В	Г
	45	А	Б	В	Г
	46	А	Б	В	Г

	47	А	Б	В	Г
Часть IV	48	А	Б	В	Г
	49	А	Б	В	Г
	50	А	Б	В	Г
	51	А	Б	В	Г
	52	А	Б	В	Г
	53	А	Б	В	Г
	54	А	Б	В	Г
	55	А	Б	В	Г
	56	А	Б	В	Г
	57	А	Б	В	Г
	58	А	Б	В	Г
Часть V	59	А	Б	В	Г
	60	А	Б	В	Г
	61	А	Б	В	Г
	62	А	Б	В	Г
	63	А	Б	В	Г
	64	А	Б	В	Г
Часть VI	65	А	Б	В	Г
	66	А	Б	В	Г
	67	А	Б	В	Г
	68	А	Б	В	Г
	69	А	Б	В	Г
	70	А	Б	В	Г

СУБТЕСТ 2. АУДИРОВАНИЕ
РАБОЧАЯ МАТРИЦА

Имя, фамилия_____ **Страна**_____ **Дата**_____

Часть I	1	А	Б	В	Г
	2	А	Б	В	Г
	3	А	Б	В	Г
	4	А	Б	В	Г
Часть II	5	А	Б	В	Г
	6	А	Б	В	Г
	7	А	Б	В	Г
Часть III	8	А	Б	В	Г
	9	А	Б	В	Г
	10	А	Б	В	Г
	11	А	Б	В	Г

Часть IV

Место учёбы	*Курсы русского языка*
Курсы русского языка начинаются: 12. Месяц:	
13. День:	
14. Дата:	
15. Время:	
16. Дни занятий:	
Адрес: 17. Улица:	
18. Дом:	

Часть V

Гида зовут…	Антон
19. Туристы приехали…	в…
20. Банк открывается…	
21. Банк не работает…	
22. Автобус в центр…	№
23. Остановка находится…	
24. Билет в автобусе стоит…	
25. Праздничный ужин будет…	

СУБТЕСТ 3. ЧТЕНИЕ
РАБОЧАЯ МАТРИЦА

Имя, фамилия_____   **Страна** _____   **Дата** _____

Часть I	1	А	Б	В
	2	А	Б	В
	3	А	Б	В
	4	А	Б	В
Часть II	5	А	Б	В
	6	А	Б	В
	7	А	Б	В
	8	А	Б	В
Часть III	9	А	Б	В
	10	А	Б	В
	11	А	Б	В
	12	А	Б	В
Часть IV	13	А	Б	В
	14	А	Б	В
	15	А	Б	В

	16	А	Б	В
	17	А	Б	В
	18	А	Б	В
	19	А	Б	В
	20	А	Б	В
Часть V	21	А	Б	В
	22	А	Б	В
	23	А	Б	В
	24	А	Б	В
	25	А	Б	В
	26	А	Б	В
	27	А	Б	В
	28	А	Б	В
	29	А	Б	В
	30	А	Б	В

ДЛЯ ЗАМЕТОК

ДЛЯ ЗАМЕТОК

러시아어 단계별 종합 교재 시리즈

러시아로 가는 길 시리즈 (청취 CD별매)
단계별 시리즈: 1단계, 2단계, 3단계, 4단계

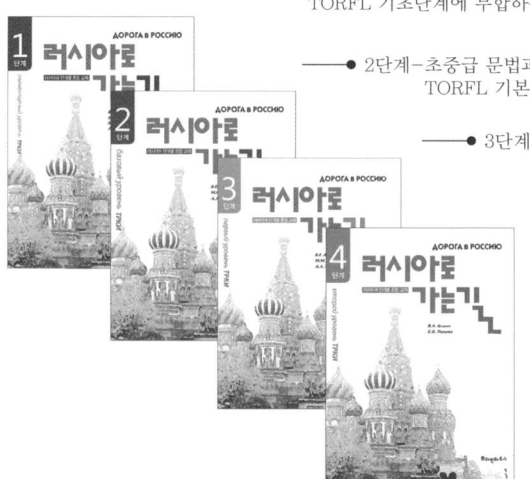

- 1단계 – 처음 시작하시는 분 또는 기초 문법과 표현 정리가 안되시는 분
  TORFL 기초단계에 부합하는 영역들로 구성
- 2단계 – 초중급 문법과 어휘력 향상이 필요하신 분
  TORFL 기본단계에 부합하는 영역들로 구성
- 3단계 – 1년 이상 배우신 분, 기본적인 원서 독해가 가능하신 분
  TORFL 1단계에 부합하는 영역들로 구성
- 4단계 – 중고급 문법과 어휘력 향상이 필요하신 분
  TORFL 2단계에 부합하는 영역들로 구성

문법과 회화를 동시에 습득할 수 있는 단계별 종합 교재로 '러시아어 능력 인증시험 토르플(TORFL)'의 시험 단계인 문법, 회화, 읽기, 쓰기의 다양한 영역을 준비할 수 있습니다.

러시아어 인텐시브 회화 시리즈
단계별 시리즈: 1단계, 2단계, 3단계, 4단계

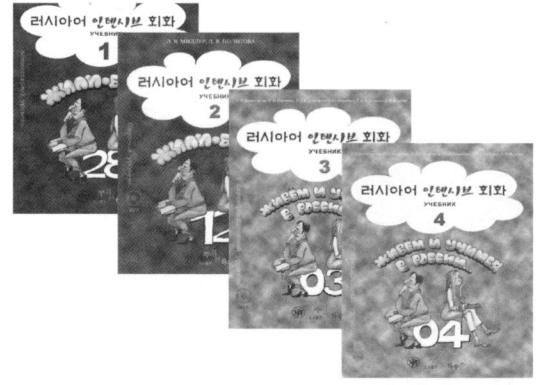

인텐시브 회화 1단계, 2단계는 오디오 자료를 뿌쉬낀하우스 홈페이지, 출판센터 자료실에서 다운로드할 수 있습니다.
3단계, 4단계 도서에는 CD가 포함되어 있습니다.

단계별로 구성되어 있는 회화 교재를 통해 다양한 표현들을 익혀 창조적인 의사소통이 가능하도록 도와줍니다. 다양한 주제와 문화에 관한 텍스트를 통해 러시아 문화에 대한 이해의 폭을 넓히고, 동시에 실생활에서 사용되는 러시아어의 여러 문제를 익힐 수 있습니다.

러시아 교육문화센터
뿌쉬낀하우스
교육센터 / 문화센터 / 출판센터
Tel. 02)2237-9387   Fax. 02)2238-9388
www.pushkinhouse.co.kr